国家社会科学基金项目（12BJL074）

中央高校专项资金项目（CUGW090203）

高校社科文库
University Social Science Series

教育部高等学校
社会科学发展研究中心

汇集高校哲学社会科学优秀原创学术成果
搭建高校哲学社会科学学术著作出版平台
探索高校哲学社会科学专著出版的新模式
扩大高校哲学社会科学学科研成果的影响力

环城游憩行为

Recreational Behavior around Metropolis

李江敏
严　良／著

光明日报出版社

图书在版编目（CIP）数据

环城游憩行为 / 李江敏，严良著. -- 北京：光明
日报出版社，2012.12（2024.6 重印）
（高校社科文库）
ISBN 978－7－5112－3447－6

Ⅰ.①环… Ⅱ.①李… ②严… Ⅲ.①城市旅游—
研究 Ⅳ.①F590.7

中国版本图书馆 CIP 数据核字（2012）第 258841 号

环城游憩行为
HUANCHENG YOUQI XINGWEI

著　　者：李江敏　严　良

责任编辑：宋　悦　　　　　　　责任校对：傅泉泽
封面设计：小宝工作室　　　　　责任印制：曹　净

出版发行：光明日报出版社
地　　址：北京市西城区永安路 106 号，100050
电　　话：010-63169890（咨询），010-63131930（邮购）
传　　真：010-63131930
网　　址：http://book.gmw.cn
E － mail：gmrbcbs@gmw.cn
法律顾问：北京市兰台律师事务所龚柳方律师

印　　刷：三河市华东印刷有限公司
装　　订：三河市华东印刷有限公司
本书如有破损、缺页、装订错误，请与本社联系调换，电话：010-63131930

开　　本：165mm×230mm
字　　数：210 千字　　　　　　印　　张：11.75
版　　次：2012 年 12 月第 1 版　印　　次：2024 年 6 月第 2 次印刷
书　　号：ISBN 978－7－5112－3447－6－01
定　　价：65.00 元

CONTENTS 目 录

绪 论 / 1

第一章 研究背景与研究内容 / 1
第一节 研究背景与问题提出 / 1
第二节 研究目的和意义 / 8
第三节 研究内容和研究方法 / 10
第四节 本章小结 / 13

第二章 文献综述与理论基础 / 14
第一节 文献综述 / 14
第二节 理论基础 / 38
第三节 本章小结 / 46

第三章 怎样测量环城游憩的体验价值 / 48
第一节 构建体系的研究思路与分析方法 / 48
第二节 设计测量指标的依据 / 50
第三节 问卷设计 / 59
第四节 问卷调查及数据分析 / 63
第五节 环城游憩体验价值结构体系的确立 / 67
第六节 本章小结 / 70

第四章 环城游憩行为机理的研究假设 / 72

第一节 研究变量与概念模型 / 72

第二节 分析方法 / 75

第三节 研究假设 / 83

第四节 本章小结 / 92

第五章 实证研究 / 93

第一节 问卷设计与预测 / 93

第二节 样本搜集 / 97

第三节 描述性统计分析 / 99

第四节 量表的信度和效度检验 / 104

第五节 体验价值的多层结构检验 / 115

第六节 结构方程模型分析与假设检验 / 117

第七节 研究结论 / 126

第八节 本章小结 / 129

第六章 环城游憩行为有什么特征 / 130

第一节 环城游憩行为特征 / 130

第二节 环城游憩行为发展的影响因素 / 134

第三节 本章小结 / 136

第七章 哪些环城游憩消费类型的体验价值较高 / 137

第一节 不同消费类型的游客体验价值差异显著性分析 / 137

第二节 聚类分析 / 138

第三节 三种感知水平在消费类型上的分布特征 / 142

第四节 研究结论 / 144

第五节 本章小结 / 145

第八章 结论与展望 / 146

第一节 主要研究结论 / 146

第二节 管理启示 / 149

第三节 主要创新点 / 152

第四节　研究局限与展望　／153

附录一　／154

附录二　／155

附录三　／158

参考文献　／163

后　记　／176

绪 论

从古代旅行到现代旅游，从属于极少数人能享受的活动到属于大众消费的生活方式，旅游发展与城邑文明进程及城市建制沿革相演绎。古代环城市周边旅游就已出现，殷商时期都市周围出现了专供统治者游乐的苑、囿、圃，西汉以后开始实行的"五日休"、"十日休"的固定休假制度和各种节日、庙会促成了民间游憩的形成和发展，都市周围广布的山林寺庙和市内的构栏瓦舍一样，成为人们游憩活动的重要场所。从农业经济到工业经济，从服务经济到体验经济，每一种经济形态变化都导致人类社会生活变革。最近几十年来，随着社会经济的发展，居民的闲暇时间逐渐增加，双休日、黄金周、小长假制度的实施，环城游憩从 90 年代末开始迅速发展，现在已成为人们重要的生活方式之一。

环城游憩是指在环城市周边区域（范围远近不受行政辖域所限，以城市居民出游能力和城市对周边地区的辐射力而定），以自然生态环境与资源、农业文明、地方文化积淀以及部分现代文明景观为载体而开展的休闲、观光、度假、娱乐等活动①。城市居民的环城游憩行为促使环城游憩地如火如荼地开发，也推动着城市旅游空间形态的演变。本书从游客体验价值视角深入研究环城游憩行为，进一步提升游客满意度和忠诚度，不仅有助于增强环城游憩地竞争优势，也为人们创造更多的休闲空间，进而促进城乡和谐发展。

---

① 本研究总结归纳，具体在后述环城游憩概念界定中体现。

第一章

研究背景与研究内容

第一节　研究背景与问题提出

一、研究背景

阿尔文·托夫勒在《未来的冲击》中指出：经济发展在经历了农业经济、制造经济、服务经济等浪潮后，我们正在从满足物质需要的制度迅速过渡到创造一种与满足心理需求相联系的经济，迈进情感消费时代，体验经济将是最新的发展浪潮，未来的工业将是一种体验工业，企业将成为体验的制造者①。美国学者 B. Joseph Pine II 和 James H. Gilmore 指出，经济价值的演变过程可分为四个阶段：产品、商品、服务和体验，人类已经进入体验经济时代②。消费者开始追求价值观和意识多元化，更重视购买和消费产品或服务过程中所获得的、符合自己心理需要和情趣偏好的特定感受——体验。一切消费都是以价值为基础，顾客购买和消费的绝不是产品，而是价值③。1985 年 Michael Porter 在竞争优势理论中指出竞争优势来源于企业为顾客创造的超过竞争对手的价值④，企业必须利用各种渠道来传送价值，并使顾客认知与认同其价值。顾客价值已经日渐成为影响消费者和企业关系的越来越重要因素⑤。时代背景变

---

① 阿尔文·托夫勒、孟广均译：《未来的冲击》，新华出版社 1996 年版，第 4 页。

② B. Joseph Pine II, James H. Gilmore. The experience economy: Work is theatre and every business a stage［M］. Harvard Business School Press, 1999, pp. 4.

③ Drucker: The practice of management, New York: Harper Brothers Publishers, 1954, pp. 56.

④ 迈克尔·波特：《竞争战略》，北京：华夏出版社 2001 年版，第 38 – 43 页。

⑤ Dodds, W. B. "In search of value: How price and store name information influence buyers' product perceptions," Journal of Services Marketing, No. 5, 1991, pp. 27 – 36.

了，顾客价值也会随之发生变化，企业的经营重点将从关注产品和服务转到为顾客提供体验。体验为价值研究提供了新的视角，体验价值是服务业中理解消费者非常重要的内容①，在消费者购买决策中扮演着非常重要的角色，也决定了顾客购后意向②，体验价值（Experiential Value）已逐渐成为国内外学者关注的焦点。

休闲时间的增多为体验经济的到来提供了必要条件，旅游活动在根本上就是旅游体验（Tourist Experience），旅游业因其体验的本质走在体验经济的前列③。Gross 和 Brown 认为设计独特的旅游体验是旅游开发的核心④；谢彦君也提出旅游体验是旅游世界的硬核，是研究旅游问题的根本出发点⑤，体验旅游逐渐成为国内外学界研究的热点。

2015 年前后，发达国家将进入一个比新经济时代更新的"休闲时代"，发展中国家也将紧随其后，休闲游憩成为全球经济发展的重要推动力⑥。目前整个社会从生存型向发展型转变，人们的闲暇时间进一步增加，2008 年国务院对我国法定节假日制度做了调整，同时出台了《职工带薪休假条例》，国民休闲时间呈现"二加二加七"的格局，一个"二"是带薪休假和寒暑假，另一个"二"是春节和"十一"黄金周，"七"就是七个三天的小长假，扣掉这些之后，还有四十个大周末，全年共有超过 115 天的休假时间。此外，按照国际上的一般规律，当人均 GDP 达到 1000 美元时，旅游需求开始产生；突破2000 美元，大众旅游消费开始形成；达到 3000 美元，旅游需求就会出现爆发式增长。2010 年我国人均 GDP 达到 4465 美元，大众化旅游消费时代迅速到来，旅游业成为国民经济战略性支柱产业。根据国际经验，旅游业发展具有一定的演进规律：第一阶段是异地观光旅游；第二阶段是近距离休闲旅游；第三阶段是远距离度假旅游，目前中国旅游业正在从观光发展模式向休闲发展模式

① Ostrom, A, Iacobucci. D. "Consumer trade – offs and the evaluation of services," Journal of Marketing, No. 59, 1995, pp. 17 – 28.

② Zeithaml. "Consumer perceptions of price, quality, and value: A means – end model and synthesis of evidence," Journal of Marketing, No. 52, 1988, pp. 2 – 22.

③ 谢彦君：《旅游基础学》，北京：中国旅游出版社 1999 年版，第 17 页。

④ Michael Gross, Graham Brown. "Tourism experiences in a lifestyle destination setting," Journal of Business Research, No. 59, 2006, pp. 696 – 700.

⑤ 谢彦君：《旅游体验研究——一种现象学视角的探讨》，南开大学出版社 2005 年版，第 57 页。

⑥ Bob Mckercher. "Differences between tourism and recreation in parks," Annals of Tourism Research, No. 3, 1996, pp. 73 – 78.

过渡的阶段①。国内游目前是我国旅游行业收入的最核心来源，过去近 10 年的旅游行业收入中约 70% 为国内游收入②。2010 年国家旅游局进行的全国游客调查结果显示国内游中短程化、休闲化倾向明显，57.1% 的游客出行距离在 500 公里以下，35.4% 的游客出游目的是"休闲度假"③。在发展态势上，如图 1-1 所示，近十年来国内旅游人数和收入除 2003 年因非典影响略有下降外，其他年份都在快速增长。

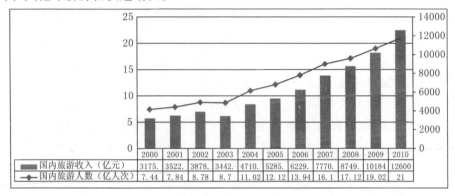

	2000	2001	2002	2003	2004	2005	2006	2007	2008	2009	2010
国内旅游收入（亿元）	3175.	3522.	3878.	3442.	4710.	5285.	6229.	7770.	8749.	10184	12600
国内旅游人数（亿人次）	7.44	7.84	8.78	8.7	11.02	12.12	13.94	16.1	17.12	19.02	21

图 1-1　2000-2010 年国内旅游人数及收入图

数据来源：2000-2009 年数据来源于 2001-2010 中国统计年鉴；

2010 年数据来源于 2011 年 1 月全国旅游工作会议国家旅游局工作报告。

中国假日经济的启动，长短假期的合理分布以及带薪休假的灵活应用，促使人们的旅游结构发生了重大的变化，短线旅游和城市周边休闲度假旅游在增加④；旅游消费方式也有所转变，从追求旅游景点名气向追求旅游质量转变，环城游憩逐渐成为人们出游选择的新宠，也是今后城市旅游开发的重要方向⑤。基于路程短、交通便捷、易于到达、服务配套设施方便的优势，学者们预测环城市旅游度假带在中国旅游业中的地位至少是三分天下有其一，甚至是半壁江山⑥。环城游憩现象已引起政府、投资者和开发商的重视，各种旅游开

---

① 粟路军，许春晓：《城市居民环城游憩距离选择的实证研究》，旅游科学 2008 年第 2 期，第 34-39 页。

② 王贞：2009-2010 年中国旅游行业现状及前景分析预测报告。

③ 国家旅游局：2010 年全国游客满意度调查报告。

④ 杨京波，何佳梅：《城市化对中国环城市旅游度假带的影响》，山东师范大学学报（自然科学版）2003 年第 18 期，第 54-57 页。

⑤ 李文英，郑昌江：《哈尔滨环城游憩带旅游资源分析》，商业经济 2008 第 6 期，第 103-105 页。

⑥ 魏小安：《对发展中国家环城市旅游度假带的思考》，中国旅游报 2001 第 09，07 期。

发类型层出不穷，这对推动城乡经济发展、促进当地居民就业、提高城市居民
生活质量、统筹城乡和谐发展具有重要作用。

环城游憩发展迅猛，城市周边农家乐、休闲农庄、主题公园、度假村等各
种类型游憩地数量快速增长，但开发中普遍存在着产品同质化、经营粗放、缺
少名牌精品、价格竞争激烈、游客满意度不高、游客回头率低及投资效益低等
问题。潘冬南针对南宁市民进行实证研究发现市民对环城游憩的满意度不高，
不满意的原因有游憩项目不吸引人、游憩地缺乏特色及休闲娱乐设施不完善
等[①]；李江敏、丁黎明等基于期望差异模型对武汉居民环城游憩满意度进行研
究发现游客感知实绩均小于期望，存在负差异，显示游客对环城游憩体验不满
意，重游意愿普遍也较低[②]；闫喜琴调研小长假背景下的环城乡村旅游时提
出，乡村旅游表面上异常火爆，但目前缺乏发展的可持续性，在基础设施、服
务质量以及体验项目等方面考虑非常欠缺，"回头客"的比例甚至不到
10%[③]。环城游憩地目前的发展还不能满足人们的需要，也无法给当地带来更
多的效益。

二、问题提出

问题一：环城游憩地竞争优势如何提升？环城游憩行为研究的着力点是
什么？

Fornell 研究发现：开发新顾客的成本是维持原有顾客成本的四到五倍[④]。
顾客重复购买率增加 5%，企业利润将增加 25% 到 100%[⑤]；国际旅游业界公
认，超过 80% 的旅游利润来自"回头客"，培养和维系忠诚顾客是企业赢利的
重要途径。游客满意是营销领域普遍认为直接影响游客忠诚的主要因素[⑥]。因
此，游客满意和游客忠诚是环城游憩地脱颖而出的重要推力。

① 潘冬南：《南宁市居民环城游憩需求实证研究》，广西经济管理干部学院学报，2010 年第 6
  期，第 77 – 80 页。
② 李江敏，丁黎明，李志飞：《城市居民环城游憩满意度评价》，消费经济 2008 年第 3 期，第
  56 – 59 页。
③ 闫喜琴：《论小长假视野下的城郊乡村旅游》，经济研究导刊 2009 年第 4 期，第 201 – 204 页。
④ Fornell C. "A national customer satisfaction barometer: The swedish experience," Journal of Market-
  ing, Vol. 1, No. 56, 1992, pp. 6 – 21.
⑤ Reichheld, F. Sasser, W. E. "Zero defections: Quality comes to services," Harvard Business Re-
  view, No. 3, 1990, pp. 105 – 112.
⑥ Taylor S A, Baker T L. "An assessment of the relationship between service quality and customer sat-
  isfaction in formation of consumers' purchase intentions," Journal of Retailing, Vol. 2, No. 70,
  1994, pp. 163 – 178.

消费者行为研究领域关于顾客满意和顾客忠诚的探讨可以追溯到上世纪20年代①，而此问题在旅游领域的研究却只是近二十年的事情②，尤其在游客忠诚研究方面还十分薄弱③。在过去以观光为主要动机的旅游中，游客追求的是"一饱眼福"，很多旅游地距离远，出行成本高，重游可能性不大，所以很多学者认为旅游地和其他商品相比具有特殊性，故对其游后行为未加以关注。现在的旅游者越来越不满足于走马观花式的旅游方式，而是追求个性化、情感化的体验④，居民到城市周边休闲游憩度假，从动机、时间及成本而言重游的频率也较高。游客忠诚的价值不仅体现在重游行为上，更重要的是潜在价值——口碑效应⑤，忠诚的顾客通常会向朋友、亲戚或其他潜在旅游者进行免费口碑宣传，60%的新顾客产生是受口碑推荐影响⑥。对旅游产品感到满意的游客更有可能重游，并且更愿意向别人进行推荐⑦。行为意向是指消费者在消费后，对于产品或企业所可能采取的特定活动或行为倾向⑧，是衡量消费者未来行为的准确指标，正向的行为意向会导致顾客忠诚行为⑨。由于重购等实际行为忠诚不易观察和测量，所以顾客忠诚问题多采用行为意向这一变量进行研究⑩。

旅游服务是一种生产与消费同时进行的体验性消费，旅游与体验存在着天然的耦合关系，旅游业是典型的体验性产业代表⑪。旅游经营的中心任务不再

① Copeland M T. "Relation of consumer's buying habits to marketing methods," Harvard Business Re - view, Vol. 4, No. 1, 1923, pp. 28 2 - 289.

② Pritchard M, Howard D R, Havitz M E. "Loyalty measurement: a critical examination and theoretical ex - tension," Leisure Sciences, Vol. 2, No. 14, 1992, pp. 155 - 164.

③ 余意峰，熊剑平：《国外旅游目的地忠诚度研究进展》，世界地理研究2010年第6期，第69 - 76页。

④ 樊玲玲：《湿地公园游客体验与游后行为意向的关系研究［硕士学位论文］》，杭州：浙江大学2009年。

⑤ 李凡：《主题餐厅的顾客体验价值研究［硕士学位论文］》，杭州：浙江大学2006年。

⑥ Reichheld, F. Sasser, W. E. "Zero defections : Quality comes to services," Harvard Business Re- view, No. 3, 1990, p. 105 - 112.

⑦ Ross, G. F. "Destination evaluation and vacation preferences," Annals of Tourism Research, No. 20, 1993, pp. 477 - 489.

⑧ Engel, Blackwell, N Yiniard. Consumer behavior , NewYork: The Drydden, 1995, p. 365.

⑨ Oliver, R. Satisfaction: A behavioral perspective on the consumer , NewYork: McGraw - Hill, 1997, p. 167.

⑩ Yang, Z. Peterson, R. T. "Customer perceived value, satisfaction, and loyalty: The role of switching costs," Psychol Market, Vol. 10, No. 21, 2004, pp. 799 - 822.

⑪ 谢彦君：《旅游体验研究》，北京：中国旅游出版社2010年版，第1页。

是单纯提供旅游产品与服务，而是为游客塑造难以忘怀的旅游体验，满足游客消遣娱乐、求知、审美、自我实现等更高层次的需求。体验价值是在体验经济背景下伴随消费模式转化而表现出来的一种新型顾客价值判断①，是从消费者角度衡量体验感知，研究其真正的需求和欲望，涵盖了对服务、价格、功能、情感等多方面的认识。现有学者针对传统产业的研究显示顾客价值是顾客满意和顾客忠诚的有力前因变量②③，但在旅游研究中从体验价值角度对游客满意度和行为意向的关注还很少④。

因此，环城游憩行为研究中通过提升体验价值实现提高游客满意度、增强游后行为意向不失为获取环城游憩地竞争优势的一个有价值的着力点。体验价值与游客满意度及行为意向的关系研究就成了指导实践应用迫切需要的理论问题。

问题二：环城游憩体验价值由哪些维度构成？体验价值结构体系是怎样的？

体验价值是由顾客价值演进而来的概念，目前一系列基础性研究工作尚未成熟⑤。虽然学者们的研究重点就是体验价值维度构成，但目前针对不同的研究对象，各种维度划分差异较大，尚无统一的测量量表。旅游业作为体验经济的代表性行业，其体验价值结构体系研究对其他体验性产业有极大的借鉴价值。目前针对旅游业进行体验价值结构维度探讨的还较少，也未形成直接应用的量表体系。要想透彻研究环城游憩体验价值与游客满意度及行为意向的关系，前提基础是构建环城游憩体验价值结构体系，清楚认识其维度构成，并明确具体的测量指标。

本研究将基于文献基础和深度访谈提炼体验价值测量指标，通过问卷调查

① Mathwick, C, Malhotra, N. Rigon, E. "Experiential value conceptualization, measurement and application in the catalog and interest shopping enviroment," Journal of Retailing, Vol. 1, No. 77, 2001, pp. 39 – 56.

② Parasuraman A, Grewal D. "The impact of technology on the quality – value – loyalty chain: A research agenda," Journal of the Academy of Marketing Science, Vol. 1, No. 28, 2000, pp. 168 – 174.

③ Woodruff, R. B. "Customer value. The next source for competitive advantage," Academy of Marketing Service, Vol. 2, No. 25, 1997, pp. 139 – 153.

④ Petrick, J. F, Bachman, S. J. "An examination of the determinants of golf travelers' satisfaction," Journal of Travel Research, Vol. 3, No. 40, 2002, pp. 252 – 258.

⑤ 张凤超，尤树洋：《顾客体验价值结构维度：DIY 业态视角》，华南师范大学学报 2009 年第 8 期，第 108 – 113 页。

及探索性因子提取体验价值维度，进而构建环城游憩体验价值结构体系。

问题三：环城游憩体验价值与游客满意度、行为意向之间的作用机制是怎样的？哪些体验价值维度的影响力更大？影响过程中体验价值内部维度间有无作用关系？

目前对顾客满意度、行为意向的相关研究多采用构建假设模型进行实证分析，研究显示顾客价值是顾客购买行为的主要驱动因素。对于顾客价值与顾客满意度及行为意向之间的关系，学者们的观点不一：Oliver 认为顾客感知价值不但是顾客满意度的前因，而且直接及间接影响到顾客的行为意向①；Lee 和 Yoon 认为顾客价值影响游客满意度，进而影响口碑推荐②；宋春红和苏敬勤的研究显示顾客价值对顾客满意产生直接影响，但对顾客忠诚不产生直接影响③；徐伟和景奉杰研究发现顾客价值中有部分维度对行为意向有直接影响，有部分是通过满意度产生影响④。总之，现有研究显示不同领域中顾客价值对行为意向的影响有的是直接的，有的是间接的，不同维度的影响路径也有差异，但不同对象的研究结论都对实际管理措施制定给予了极大的理论指导。这些前期的顾客价值研究结论也为体验价值研究奠定了理论基础。

那么，环城游憩体验价值与游客满意度及行为意向之间的作用机制是怎样的？哪些体验价值维度的影响力更大？这是我们首先想要探索的问题。体验价值在对游客满意度及行为意向产生作用的过程中，其内部维度间有无相互作用关系？这个问题目前尚未见学者们关注。只有理清体验价值内部作用关系，才能真正明确如何有效提高体验价值的影响力。这些问题的分析都将有助于经营管理者认清提升游客满意度和增强游后行为意向应着力打造的方面。本研究将在文献分析基础上结合环城游憩实际分析构建结构方程模型，基于问卷调查数据，对结构方程模型进行信度、效度分析及路径分析以检验假设，揭示体验价值各维度与游客满意度、行为意向之间的作用机制，进而提炼"体验价值 -

① Oliver R L, Burke R R. "Expectation processes in satisfaction formation," Journal of Service Research, Vol. 3, No. 1, 1999, pp. 196 – 214.

② Lee C, Yoon Y, Lee S. "Investigating the relationships among perceived value, satisfaction, and recom – mendations: the case of the Korean DMZ," Tourism Management, Vol. 1, No. 28, 2007, pp. 204 – 214.

③ 宋春红，苏敬勤：《服务质量、顾客价值及顾客满意对顾客忠诚影响的实证检验》，统计与决策 2008 年第 19 期，第 182 – 184 页。

④ 徐伟，景奉杰：《经济型酒店顾客价值与顾客满意、行为意向的关系研究》，河北经贸大学学报 2008 年第 7 期，第 81 – 86 页。

游客满意度－行为意向"模型（TEVSB），为制定实施最佳体验营销管理策略提供依据。

问题四：环城游憩行为是有什么特征？哪些环城游憩消费类型的体验价值较高？

深入分析不同环城游憩消费类型的体验价值差异能够帮助管理者探寻进一步开发的方向。本研究将在问题二和问题三研究的基础上，基于问卷调查，对相关体验价值维度进行聚类分析，归纳体验价值水平类型，进一步分析不同体验价值水平在各消费类型上的分布特征，找出体验价值较高的消费类型，对比分析现阶段环城游憩行为特征，提出环城游憩产品的科学开发方向。

第二节　研究目的和意义

一、研究目的

（一）构建环城游憩体验价值结构体系

在文献分析基础上结合访谈内容全面提炼环城游憩体验价值测量指标，针对环城游憩游客进行体验价值问卷调查，对数据进行信度检验及探索性因子分析，最后依据数据分析结果确定各维度量表并构建环城游憩体验价值结构体系。

（二）探寻体验价值内部的层次作用关系

在体验价值结构体系构建的基础上，依据理论分析，提出体验价值对游客满意度及行为意向作用过程中体验价值内部维度间的层次作用关系，并通过结构方程模型进行验证。

（三）揭示体验价值与游客满意度及行为意向之间的作用机制

在理论研究基础上，构建体验价值、游客满意度及行为意向之间关系的结构方程模型。通过问卷调查获取数据，进行信度效度检验、结构方程适配检验及中介效应检验，探寻体验价值各维度与游客满意度及行为意向之间的影响关系，揭示各变量之间的作用机制，提炼形成"体验价值－游客满意度－行为意向"模型（TEVSB）。

（四）分析环城游憩行为特征及影响因素

基于问卷调查，通过描述性统计分析归纳提炼现阶段城市居民环城游憩出游动机、出游时间、出游方式、项目选择及旅游花费等方面的特征，并分析环城游憩行为发展的影响因素，为开发管理者相应策略的制定提供依据。

（五）探寻不同环城游憩消费类型的体验价值差异。

基于问卷调查，对相关体验价值维度进行聚类分析，归纳体验价值水平类型，进一步分析不同体验价值水平在各消费类型上的分布特征，找出体验价值较高的消费类型，对比现阶段环城游憩行为特征，提出旅游产品的科学开发方向。

二、研究意义

环城游憩行为研究具有理论及实践意义：

（一）理论意义

1. 研究将体验价值理论引入环城游憩问题探讨中，通过对环城游憩体验价值的实证研究，构建环城游憩体验价值结构体系，拓展了体验价值的测量体系研究；

2. 国内外对于体验价值与游客满意度、行为意向之间关系的系统研究还不多。本研究创新性的提出并验证体验价值内部的层次作用关系，构建环城游憩体验价值与游客满意度、行为意向之间关系的结构方程模型，提炼"体验价值－游客满意度－行为意向"模型（TEVSB），推进了体验价值、游客满意度及行为意向关系的理论研究；

3. 本研究采用管理学理论和方法对环城游憩行为问题进行实证研究，与以前主要从地理学视角的探讨有所区别，从管理学视角丰富了环城游憩理论。

（二）实践意义

环城游憩作为一种发展迅速的新型旅游形式和人们逐渐重要的生活组成部分，从动机、时间及成本而言人们出游的频率比异地观光旅游要高，重游的可能性也大。在环城游憩地大量被开发，但又经营粗放、投资收益低的背景下，从消费者视角出发，分析环城游憩行为，探索提升环城游憩体验价值，进而提高游客满意度、增强游后行为意向的研究很有价值。本研究将构建环城游憩体验价值结构体系、探寻体验价值内部的层次作用关系、揭示体验价值与游客满意度及行为意向的作用机制、探寻不同环城游憩消费类型的体验价值差异。有助于规划与管理者对环城游憩地进行科学开发和管理：什么样的体验产品更受游客青睐？怎样才能使游客真正满意？怎样才能使得游客成为忠诚客户？今后环城游憩产品的开发方向是什么？这些问题都可以从研究结论中寻找答案，促使经营管理者更有效的实现游客满意度和忠诚度的提升，进而赢取企业利润。这对目前如火如荼的环城游憩地竞争力提升具有重要的指导意义，同时对其他体验性产业也具有借鉴意义。

第三节　研究内容和研究方法

一、研究内容

　　本书首先介绍研究背景并提出问题，明确研究目的和研究内容，然后对相关的文献和理论基础进行梳理。在文献分析和对环城游憩游客深度访谈的基础上，设计量表指标进行问卷调查，基于探索性因子分析构建环城游憩体验价值结构体系；在理论分析基础上构建体验价值、游客满意度及行为意向之间关系的结构方程模型，通过信度效度分析及路径分析检验假设，揭示体验价值与游客满意度及行为意向之间关系的作用机制；通过描述性统计分析归纳环城游憩

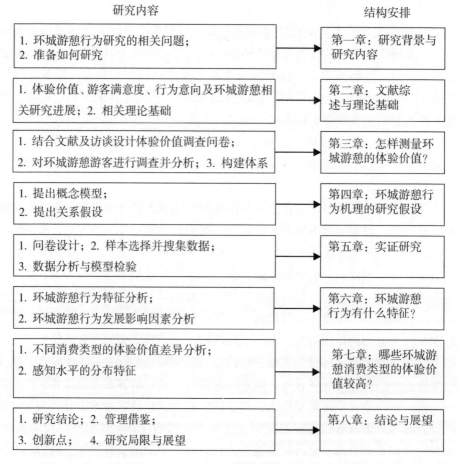

研究内容　　　　　　　　　　　　　　　结构安排

研究内容	结构安排
1. 环城游憩行为研究的相关问题； 2. 准备如何研究	第一章：研究背景与研究内容
1. 体验价值、游客满意度、行为意向及环城游憩相关研究进展；2. 相关理论基础	第二章：文献综述与理论基础
1. 结合文献及访谈设计体验价值调查问卷； 2. 对环城游憩游客进行调查并分析；3. 构建体系	第三章：怎样测量环城游憩的体验价值？
1. 提出概念模型； 2. 提出关系假设	第四章：环城游憩行为机理的研究假设
1. 问卷设计；2. 样本选择并搜集数据； 3. 数据分析与模型检验	第五章：实证研究
1. 环城游憩行为特征分析； 2. 环城游憩行为发展影响因素分析	第六章：环城游憩行为有什么特征？
1. 不同消费类型的体验价值差异分析； 2. 感知水平的分布特征	第七章：哪些环城游憩消费类型的体验价值较高？
1. 研究结论；2. 管理借鉴； 3. 创新点；　　4. 研究局限与展望	第八章：结论与展望

图 1-2　研究框架

行为特征；采用方差分析和聚类分析探寻不同环城游憩消费类型在体验价值上的感知差异，分析体验价值较高的消费类型分布特征，提出环城游憩产品的科学开发方向；最后根据研究结论提出管理借鉴。研究框架如图 1 - 2 所示。

具体章节安排如下：

第一章：研究背景与研究内容

详述了本研究的背景，提出研究问题，指明了研究目的和意义，概括出主要的研究内容和研究方法。

第二章：文献综述与理论基础

对本研究主要涉及的问题：体验价值研究、游客满意度研究、行为意向研究、环城游憩研究等进行了梳理；对研究依据的主要理论：期望价值理论、顾客满意理论、需要层次理论及认知评价理论进行了分析。掌握这些理论的主要观点和前沿成果，为研究的开展提供有益的借鉴。

第三章：怎样测量环城游憩的体验价值？

环城游憩体验价值结构体系的构建是提出研究假设模型的基础。通过对环城游憩游客消费心理特征的分析，结合文献分析和游客深度访谈，设计体验价值问卷调查表；针对环城游憩游客进行问卷调查，采用 SPSS16.0 对调研结果进行信度检验和探索性因子分析提炼体验价值维度，在进一步分析基础上确立环城游憩体验价值结构体系。

第四章：环城游憩行为机理的研究假设

在上一章环城游憩体验价值结构体系研究基础上，本章首先界定各变量的定义，在理论分析基础上，提出体验价值与游客满意度、行为意向之间关系的概念模型；通过文献研究结合实际分析，提出各变量间合理科学的的关系假设并构建假设模型。

第五章：实证研究

本章首先进行体验价值与游客满意度、行为意向之间关系的问卷设计和预测；然后在全国范围内针对过去一年内有环城游憩体验经历的群体进行问卷调查并获取合理样本；基于获取的有效样本数据采用 SPSS16.0、AMOS17.0 软件进行实证研究，具体的分析包括：对人口统计特征和问卷题项的描述性统计分析、量表的信度、效度检验及相关矩阵分析、结构方程路径分析及中介效应检验，最后对假设检验结果进行分析。

第六章：环城游憩行为有什么特征？

基于第五章的问卷调查，通过描述性统计分析归纳环城游憩行为特征，并进一步分析环城游憩行为发展的影响因素。

第七章：哪些环城游憩消费类型的体验价值较高？

基于第五章的问卷调查，对相关体验价值维度进行聚类分析，归纳体验价值水平类型，进一步分析不同体验价值水平在消费类型上的分布特征，找出体验价值较高的消费类型，并与现阶段环城游憩行为特征进行对比，提出进一步发展方向，为环城游憩产品的科学开发提供理论依据。

第八章：结论与展望

总结研究结论，提出管理借鉴，指出主要创新点和研究局限，并对今后进一步研究进行展望。

二、研究方法

（一）文献阅读。借助 ISI Web of Knowledge（SCI/SSCI）、EI、Elsevier 以及 CNKI 中国期刊网等国内外文献全文数据库，主要关注体验价值、游客满意度、行为意向及环城游憩及相关理论基础等方面文献进行搜索和阅读，了解这些领域的研究成果、研究不足、科学的研究思路和研究方法，为本选题创新定位、完善研究思路提供依据和有益的借鉴，完成文献综述。

（二）访谈法。鉴于体验价值维度目前还没有统一标准，本研究拟在文献研究基础上，与环城游憩游客、相关旅游专家进行沟通和交流，对问卷的设计及假设的提出提供指导。

（三）问卷调查。根据本选题的研究问题，前后进行两次问卷调查。第一次是针对环城游憩游客，根据研究的方便性选择武汉环城游憩游客进行问卷调查，研究环城游憩体验价值结构体系；第二次在全国范围内针对过去一年有环城游憩经历的人群进行问卷调查，研究体验价值与游客满意度及行为意向的关系。

（四）数理统计分析。采用 SPSS16.0 对调研数据进行描述性统计分析、量表的信度检验、探索性因子分析、方差分析及聚类分析。

（五）结构方程模型验证。运用 AMOS17.0 进行验证性因子分析，并对结构方程模型进行路径分析以检验假设，研究体验价值内部及体验价值各维度与游客满意度、行为意向之间的作用关系。

三、技术路线

根据前面所提出的研究内容，本研究将遵循图 1-3 所示的技术路线进行研究：

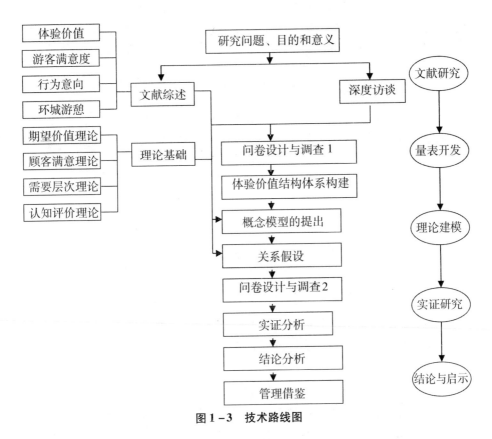

图1-3 技术路线图

第四节 本章小结

本章首先介绍了体验经济与环城游憩的发展背景，提出了四个研究问题：一、环城游憩地竞争优势如何提升？环城游憩行为研究的着力点是什么？二、环城游憩体验价值由哪些维度构成？体验价值结构体系是怎样的？三、环城游憩体验价值与游客满意度、行为意向之间的作用机制是怎样的？哪些体验价值维度的影响力更大？影响过程中体验价值内部维度间有无作用关系？四、不同的环城游憩消费类型在游客体验价值上有无差异？哪些消费类型的体验价值较高？围绕这四个问题的解决，本研究将通过理论分析和实证研究，构建环城游憩体验价值的结构体系，探寻体验价值内部的层次作用关系，揭示环城游憩体验价值对游客满意度及行为意向的作用机制，探寻不同环城游憩消费类型的体验价值差异。基于上述研究思路，在本章明确了研究目的和意义，陈述了研究内容、研究方法及技术路线。

第二章

文献综述与理论基础

第一节　文献综述

一、体验价值研究

体验价值是体验经济背景下随着人们消费活动发展产生的一种新型顾客价值观，是顾客价值在新的时代背景下的概念演进，研究体验价值必须首先对这个演进过程有清楚认识。

（一）从“顾客价值”到“体验价值”的概念演进

顾客价值是决定消费者行为决策的重要因素①。“顾客价值”一词实际包含两种涵义：一种聚焦在企业视角研究评估带给消费者多少利益；另一种涵义指消费者对产品或服务的感知评价②。显然这两种观点的出发点迥然不同，顾客价值的理论探讨也多围绕这两个不同角度的探讨展开。

1. 顾客价值理论的发展

Poter 1985 年首次提出了“买方价值链”这一概念，但并未对顾客价值做具体界定③。早期顾客价值研究多从经济学视角考虑利得与利失问题，代表性研究有 Kotler 的“顾客让渡价值理论”，他认为顾客让渡价值是指总顾客价值与总顾客成本之差④。总顾客价值包括顾客感知的产品价值、服务价值、人员

---

① Zeithaml. "Consumer perceptions of price, quality, and value: A means – end model and synthesis of evidence," Journal of Marketing, No. 52, 1988, pp. 2 – 22.

② Hou Lun, Tang Xiaowo. "Gap model for dual customer values," Tsinghua Science and Technology, No. 6, 2008, pp. 395 – 399.

③ 迈克尔·波特：《竞争战略》，北京：华夏出版社 2001 年版，第 38 – 43 页。

④ 菲利普·科特勒：《营销管理（第 10 版中译本）》，中国人民大学出版社 2001 年版，第 43 页。

价值和形象价值，总顾客成本包括顾客耗费的货币成本、时间成本、精神成本和体力成本①。Lovelock 也认为顾客价值就是感知利益与花费成本的差额②。

这种利益成本之差的顾客价值观在很长时间内被沿用，但后来学者们发现这种观点较适用于实物类产品，而服务性产品的顾客价值不易用这种方式衡量③。1988 年 Zeithaml 提出"顾客感知价值"概念，明确指出顾客价值是由顾客而不是供应企业决定，是顾客根据获得与付出的感知，对产品或服务做出的全面评估④。这一论述大大推进了顾客价值理论的发展，随后 Gronroos 从关系营销角度理解顾客价值，认为顾客价值中与顾客建立紧密关系的能力是保持竞争优势的关键⑤。Gale 从质量管理角度定义顾客价值为顾客相对于产品价格而获得的市场感知质量⑥。

与之前将顾客价值看做一个平面不同，1997 年 Woodruff 从立体结构看待顾客价值，认为顾客对所感知价值的满意是从"属性—结果—满意"三个相邻层次进行动态评价⑦。与此相似，Jaworski 和 Kohli 也认为顾客价值是个动态变化的概念，不同情境以及不同文化背景的顾客都有变化⑧。

综合而言，在对顾客价值的研究中，采用利得与利失比较的方式探讨属于"理性观点"，强调对消费过程评价的属于"经验观点"⑨。"理性观点"是早期顾客价值分析常采用的方式，相比于"经验观点"忽略了顾客从消费经历中获得美感享受和情绪上的反应，"理性观点"不适用于生产与消费同时进行

① Hou Lun, Tang Xiaowo. "Gap model for dual customer values," Tsinghua Science and Technology, No. 6, 2008, pp. 395 – 399.

② Lovelock, C. H. Service marketing (4th ed.), NJ: Prentice Hall International, 2000, pp. 79.

③ Murray, K. B, and J. L. Schlacter. "The impact of services versus goods on consumers' assessment of perceived risk and variability," Journal of the Academy of Marketing Science. Vol, 1, No. 18, 1990, pp. 51 – 65.

④ Zeithaml. "Consumer perceptions of price, quality, and value: A means – end model and synthesis of evidence," Journal of Marketing, No. 52, 1988, pp. 2 – 22.

⑤ Gronroos, Christian, Service management and marketing: Managing the moments of truth in service competition, Lexington, MA: Lexington Books, 1990, pp. 87.

⑥ Gale, Y. Managing customer value creating quality and service that customers can see, New York: The Free Price, 1994, p. 98 – 112.

⑦ Parasuraman A, Grewal D. "The impact of technology on the quality – value – loyalty chain: A research agenda," Journal of the Academy of Marketing Science, Vol. 1, No. 28, 2000, pp. 168 – 174.

⑧ 李凡：《主题餐厅的顾客体验价值研究［硕士学位论文］》，杭州：浙江大学 2006 年。

⑨ 查金祥：《B2C 电子商务顾客价值与顾客忠诚度的关系研究［博士学位论文］》，杭州：浙江大学 2006 年。

的产品，如旅游或其他情绪反应产品①。因此，本研究对环城游憩体验价值的探讨将借鉴"经验观点"对游客对旅游体验过程感受进行评价。

2. 体验价值概念的引入与界定

经济背景的转变使得企业由提取产品、制造商品、提交服务发展到展示体验阶段，体验价值的研究也日益增多。越来越多的研究开始采用"体验价值"这一概念，但还未有统一认可的定义。现有研究中对体验价值概念主要有两种不同的理解：

（1）体验价值是与实用价值相对的一种顾客价值形式。

这种理解在应用中把体验价值引入作为顾客价值中的一部分。Holbrook 和 Hirschman 1982 年提出将顾客价值分为体验消费价值与理性消费价值②；Park 等 1986 年将消费者需求分为三种类型：功能性需求、体验性需求、象征性需求③，他将体验性需求特指为感官愉悦以及认知上刺激等；Eun – Ju Lee 和 Jeffrey 也将顾客价值分为实用价值和体验价值④；Naylor 提出顾客价值包括体验性利益、功能性利益及象征性利益⑤。

这些理解都是把体验价值含义特指为情感体验感受，是顾客价值的构成要素之一。

（2）体验价值类似于顾客感知价值。

这种理解认为体验价值是在体验经济背景下，顾客对产品和服务整个过程的体验感知评价，与"顾客感知价值"的含义一致，但更侧重从顾客角度全面考虑，对情感方面的感知评价更为关注。相对于第一种理解而言，这种理解更广义些，目前也被很多学者接受，作者也认同这种观点，但在顾客感知价值基础上对体验价值试图进行范围拓展。

本研究针对体验经济的代表行业——旅游业进行研究，"体验价值"的概

① Gale, Y. Managing customer value creating quality and service that customers can see, New York: The Free Price, 1994, pp. 98 – 112.

② Holbrook, M. B, Hirschman, E. C. "The experiential aspects of consumption: Consumer fantasies, feeling and fun," Journal of Consumer Research, Vol. 2, No. 19, 1982, pp. 132 – 140.

③ Park, C. W, Jaworski, B. J. & Maclnnis. "Strategic brade & concept – image management," Journal of Marketing, Vol. 10, No. 50, 1986, pp. 135 – 145.

④ 李幼瑶：《主题公园消费体验、体验价值和行为意向关系的研究［硕士学位论文］》，杭州：浙江大学 2007 年，第 15 页。

⑤ Naylor, G, How consumer determine value: A new look at a inputs and processes, Dissertation, University of Arizona, 1996, p. 143.

念界定是所有研究开展的基石。Eun – Ju Lee、Mathwick 等学者从不同学科角度对顾客感知价值也就是体验价值做过的相关定义，具体如表 2 – 1 所列：

表 2 – 1 体验价值定义

研究者	学科	定义
Csikszentimihaly（1988）	心理学	顾客对外界消费环境刺激所产生的感受，通常来源于对消费过程的亲身参与，随着个体及消费阶段的不同而发生变化①。
Schmitt（1999）	神经生物学	体验价值是顾客对企业营销努力的被动反应和认知，来自于人们对产品或服务的直接使用和间接观察②。
Pine（2001）	经济学	顾客体验价值是从服务中分离出来的新型经济提供物，是企业为顾客提供娱乐、逃避现实及视觉享受等活动中所包含利益的总和③。
Holbrook（1982）	管理学	消费体验引起的符号的、享乐的或美感的体验消费价值④。
Mathwick（2001）	管理学	体验价值为消费者对于产品属性绩效与服务绩效的相对认知，来自人们对服务、产品的直接使用或远距离欣赏所获得⑤。
Eun – Julee（2007）	心理学	体验价值是消费者在经历娱乐、逃避现实、视觉诉求和互动活动中所得到的利益总和⑥。

① Csikszentimihaly. Optimal experience：Psychological studies of flow in conscious, New york. Cambridge University Press, 1988, pp. 288 – 306.

② Schmitt, Bernd H. Experiential marketing, New York：The Free Press, 1999, pp. 1 – 150.

③ Pine, B. H. Gilmore. "Welcome to the experence economy," Health Forum Journal, Vol. 5, No. 44, 2001, pp. 10 – 16.

④ 查金祥：《B2C 电子商务顾客价值与顾客忠诚度的关系研究［博士学位论文］》，杭州：浙江大学 2006 年。

⑤ 谢彦君：《旅游体验研究》，北京：中国旅游出版社 2010 年版，第 1 页。

⑥ Park, C. W, Jaworski, B. J. & Maclnnis. "Strategic brade & concept – image management," Journal of Marketing, Vol. 10, No. 50, 1986, pp. 135 – 145.

研究者	学科	定义
张成杰 （2006）	管理学	在旅游消费中，游客对每一个关键点感知到利益的整体感觉和总体评价①。
张凤超，尤树洋 （2009）	管理学	体验价值是顾客亲身经历消费过程，与企业共同创造并维系的一系列微妙、多样的价值感觉或知觉状态②。

资料来源：作者根据相关文献研究整理。

上述定义虽是学者们从不同学科进行的界定，表述差异也很大，但有很多共同属性特征体现：都认可体验价值产生于顾客消费过程中，带有一定的主观情感性，是一种综合感知评价。在体验价值研究的内容范围上，很多学者把服务质量与体验价值作为并列的变量研究，但也有学者提出服务质量应是体验价值的一部分：Desabo 认为体验价值存在质量和价格两个维度③；张凤超和尤树洋针对 DIY 业态分析时把服务质量作为体验价值的功能性价值维度衡量指标④。

借鉴前人的定义和研究结论，本研究对"体验价值"定义为：消费者在体验产品和服务全过程中所获得的整体感觉和评价，内容范围包括在产品体验过程中的所有感知，包括服务质量、功能价格、情感认知等各方面。这里界定的"体验价值"具有综合意义，与目前很多学者的体验价值界定相比对内容范围进行了拓展，更能全面涵盖顾客体验中的感知评价。

基于本研究定义的体验价值类似顾客感知价值但进行了内容拓展的观点，以下对体验价值相关文献的综述也涵盖了以前对顾客感知价值的研究。

（二）体验价值结构维度研究

体验价值既然是消费者在体验产品和服务全过程中所获得的综合的整体感觉和评价，那必然是各部分系统作用的结果，体验价值研究的基础工作就是对

① 张成杰：《旅游景区游客体验价值评价研究［硕士学位论文]》，广州：暨南大学 2006 年，第 23 页。

② Petrick, J. F, Bachman, S. J. "An examination of the determinants of golf travelers' satisfaction," Journal of Travel Research, Vol. 3, No. 40, 2002, pp. 252 – 258.

③ 燕纪胜：《BZC 模式下的顾客价值构成维度研究［硕士学位论文]》，威海：山东大学 2008 年。

④ Petrick, J. F, Bachman, S. J. "An examination of the determinants of golf travelers' satisfaction," Journal of Travel Research, Vol. 3, No. 40, 2002, pp. 252 – 258.

其结构维度的探讨。现有体验价值结构维度的研究成果也是本研究构建环城游憩体验价值结构体系的理论基础。目前学者们针对不同的研究对象，体验价值的维度划分都有差异，至今尚未有统一分法。归纳来看，目前体验价值结构维度的划分主要有"二分法"和"多维分法"两种方式。

1. 体验价值结构维度的"二分法"

"二分法"主要是指按"功利主义与享乐主义"或"功能价值与情绪价值"来划分体验价值①，如 Babin、Holbrook、Mathwick 等学者都将体验价值分为两维度：功利主义价值（或功能性价值）（Utilitarian benefit）和享乐主义价值（或情绪性价值）（Hedonic benefit）②③④。功利主义价值主要指该产品或服务带来的基本利益，或是与任务有关的价值；享乐主义价值指主观上的感受，反映潜在情绪方面的价值。Ruyter 将其称为外在价值与内在价值⑤，Mano 等学者也认为外在价值来自以功利为主的消费体验，内在价值是因为个人情绪因素产生的消费体验感受⑥。

"二分法"被不少学者接受，这种方式的优点在于从属性角度将体验价值一分为二，分类明晰，但缺点在于维度划分不够细致，没能细致反映体验价值所含内容。

2. 体验价值结构维度的"多维分法"

学者们认为若要深入探讨体验价值的形成过程及对行为的影响，还需将体验价值根据内容范围进行多维划分，因此"多维分法"的探讨也很热烈，Zeithaml、Sheth、Ruyter 等学者都指出多维分法对服务业研究尤其适合。

在体验价值的"多维分法"研究中，有三种观点非常具有代表性，也成

---

① Gale, Y. Managing customer value creating quality and service that customers can see, New York: The Free Price, 1994, pp. 98 – 112.

② Babin, B. J, Darden, W. R, Griffin. M. "Work and fun: Measuring hedonic and utilitarian shopping value," Journal of Consumer Research, Vol. 4, No. 20, 1994, pp. 644 – 656.

③ 查金祥：《B2C 电子商务顾客价值与顾客忠诚度的关系研究［博士学位论文］》，杭州：浙江大学 2006 年。

④ Mathwick, C. "The effect of dynamic retail experiences on experiential perceptions of value: An internet and catalog comparison," Journal of Retailing, Vol. 1, No. 78, 2002, pp. 51 – 60.

⑤ Ruyter de, K. Wetzels, M. Lemmink, J. Mattsson, J. "The dynamics of the service delivery process: A value – based approach," International Journal of Reasearch in Marketing, Vol. 3, No. 14, 1997, pp. 231 – 243.

⑥ Mano, H, Richard L. "Assessing the dimensionality and structure of the consumption experience: Evaluation, feeling and satisfaction," Journal of Consumer Research, No. 20, 1993, pp. 451 – 466.

为影响其他学者研究的典范。

（1）Sheth 和 Cross 的体验价值五维度划分

Sheth 和 Cross1991 年提出的体验价值五维度为多维分法奠定了基础，他们认为消费者体验价值由功能性价值（Functional value）、社会性价值（Social value）、情感性价值（Emotional value）、认知性价值（Epistemic value）及情境性价值（Conditional value）五维度构成，并在不同情境下对行为产生不同影响①。功能性价值主要对产品的功能性、实用性或物理性属性体验而获得；社会性价值对指在群体中产生某种关系联接；情感性价值是由个人情感体验得到满足或提升而产生；认知性价值指消费者的好奇、新鲜和求知欲被满足而获得；情境性价值是对特定情境感知产生②。

（2）Holbrook 的体验价值维度

Holbrook1999 年基于内在价值与外在价值、主动价值与被动价值、自我导向价值与他人导向价值将体验价值划分为 8 类：效率（Efficieney）、娱乐（Play）、出色（Excellence）、审美（Aesthetic）、地位（Status）、道德（Ethical）、尊敬（Esteem）、心灵（Spiritual）③。Holbrook 对体验价值的划分推进了较抽象主观方面的维度思考，他非常重视消费者体验的社会价值或关系价值，但维度结构复杂，应用性不够强，Mathwick 在此基础上做了推进。

（3）Mathwick 的体验价值维度

Mathwick 2001 年以零售业为研究对象，借鉴 Holbrook 的划分标准，依据内在价值与外在价值、主动价值和被动价值两个维度将体验价值分为快乐价值（Playfulness value）、审美价值（Aesthetiesval）、消费者投资价值（CROL value）、完美服务价值（Service excellence value）四维度④，Mathwick 的体验价值划分虽然很细致，但是各维度间区分度还需进一步提高。

---

① Sheth, Cross. "Why we buy what we buy: A theory of consumption values," Journal of Business Reasearch, Vol. 2, No. 22, 1991, pp. 159 – 170.

② Ruyter de, K. Wetzels, M. Lemmink, J. Mattsson, J. "The dynamics of the service delivery process: A value – based approach," International Journal of Reasearch in Marketing, Vol. 3, No. 14, 1997, pp. 231 – 243.

③ Holbrook Morris, Kuwahara Takeo, "Probing explorations, deep displays, virtual reality, and profound insights: The four faces of strereographic three – dimensional images in markcting and consumer research," Advances in Consumer Research, No. 26, 1999, pp. 240 – 250.

④ 谢彦君：《旅游体验研究》，北京：中国旅游出版社 2010 年版，第 1 页。

（4）其他学者的维度探讨

Sweeney 和 Soutar 等针对耐用品市场提出顾客感知价值量表 PERVAL（Perceived value），将价值分成四维度：价格功能价值、质量功能价值、情绪价值、社会价值①；Sanchez et a1. 在 Sweeney and Soutar 的研究基础之上，开发了旅游产品的顾客价值量表，包含 6 维度：旅游产品质量功能价值、设施功能价值、人员功能价值、价格功能价值、情感价值和社会价值②。范秀成、罗海成将体验价值分为三个维度：功能价值（质量价值和价格）、情感价值和社会价值③。孟庆良、韩玉启等从理论上提出顾客价值由功能价值、感知成本、情感价值、知识价值、社会价值五个维度构成④。Lapierre 针对信息产业将体验价值按产品价值、服务价值和关系价值区分，并推进了理论界对体验价值的实证研究⑤。王锡秋将体验价值维度分为经济价值、功能价值和心理价值⑥。李建州、范秀成以餐饮业为对象，提出服务体验包含功能体验、情感体验和社会体验三类，并进行了实证验证⑦。张凤超、尤树洋分别以共同制造和 DIY 业态为对象提出并验证体验价值维度包括五种：功能性价值、情境性价值、情感性价值、认知性价值及社会性价值⑧⑨。这些划分都是以 Sheth 的体验价值五维度理论为依据，着重突出和细化了功能价值和情感价值，在表 2－2 中对体验价值维度研究结论进行了整理。

以上探讨显示体验价值结构维度构成在不同行业是有差异的，不同研究对

① Sweeney, Soutar. "Consumer perceived vale: The development of a multiple item scale," Journal of Retailing, Vol. 2, No. 77, 2001, pp. 203 –220.

② Sanchez, Callarisa, Rodriguez. "Perceived value of the purchase of a tourism product," Tourism Management, No. 27, 2006, pp. 394 –409.

③ 范秀成，罗海成：《基于顾客感知价值的服务企业竞争力探析》，南开管理评论 2003 年第 6 期，第 41 –45 页。

④ 孟庆良，韩玉启：《顾客价值驱动的 CRM 战略研究》，价值工程 2006 年第 4 期，第 49 –52 页。

⑤ Lapierre, J. "Customer – perceived value in industrial contexts," Journal of business and Industrial marketing, No. 15, 2000, pp. 122 –140.

⑥ 王锡秋：《顾客价值及其评估方法研究》，南开管理评论 2005 年第 5 期，第 31 –35 页。

⑦ 李建州，范秀成：《三维度服务体验实证研究》，旅游科学 2006 年第 20 期第 2 卷，第 54 –59 页。

⑧ Petrick, J. F, Bachman, S. J. "An examination of the determinants of golf travelers' satisfaction," Journal of Travel Research, Vol. 3, No. 40, 2002, pp. 252 – 258.

⑨ 张凤超，尤树洋：《体验价值结构维度：基于共同制造组织模式的实证研究》，武汉大学学报（哲社版）2010 年第 5 期，第 451 –457 页。

象的维度研究都为管理实践提供了借鉴，这些不同的观点共同推进着体验价值理论研究的进展。虽有国外学者对旅游产品体验价值量表进行过开发，但过于侧重于功能价值，还需在其他方面加以完善。总之，要深入研究环城游憩体验价值与游客满意度及行为意向的关系，则必须首先明确环城游憩体验价值的结构体系，这是作用关系研究的基础。上述体验价值"二分法"与"多维分法"的划分方式不应断然分开，但目前学界综合使用两种方法进行体验价值研究还不多见，本研究尝试兼取二者之长的方式构建体验价值结构体系。

表 2－2　体验价值构成维度研究

研究者	维度划分
Holbrook，Hirschman（1982）	1. 体验消费价值 2. 理性消费价值
Park（1986）	1. 功能性需求 2. 体验性需求 3. 象征性需求
Sheth，Cross（1991）	1. 功能性价值 2. 社会性价值 3. 情境性价值 4. 情感性价值 5. 认知性价值
Babin（1994）	1. 功利主义价值 2. 享乐主义价值
Jooyeon，Soocheong（2010）	1. 实用价值 2. 情绪价值
Holbrook（1999）	1. 效率价值 2. 卓越价值 3. 地位价值 4. 尊敬价值 5. 游戏价值 6. 美感价值 7. 伦理价值 8. 心灵价值
Lai（1995）	1. 功能性价值 2. 社会性价值 3. 情感性价值 4. 知识性价值 5. 感知性价值 6. 快乐性价值 7. 情境性价值 8. 整体价值
Naylor（1996）	1. 体验性利益 2. 功能性利益 3. 象征性利益
Williams，Soutar（2000）	1. 功能性价值 2. 情感性价值 3. 社会性价值 4. 知识性价值
Sweeney，Soutar（2001）	1. 情绪价值 2. 社会价值 3. 价格功能价值 4. 质量功能价值
Mathwick（2001）	1. 快乐价值 2. 审美价值 3. 消费投资价值 4. 完美服务价值
Eun－Ju Lee，Jeffrey（2004）	1. 使用价值 2. 体验价值
Michie（2005）	1. 实用性价值 2. 享乐性价值 3. 象征性价值
Sanchez et al.（2006）	1. 功能价值 2. 情感价值 3. 社会价值

续表

研究者	维度划分
Javier，Rosa（2006）	1. 设施功能价值 2. 专业性功能价值 3. 质量功能价值 4. 价格功能价值 5. 情感价值 6. 社会价值
王锡秋（2005）	1. 经济价值 2. 功能价值 3. 心理价值
范秀成，罗海成（2003）	1. 功能价值（质量和价格）2. 情感价值 3. 社会价值
李建州，范秀成（2006）	1. 功能性价值 2. 情感性价值 3. 社会性价值
孟庆良，韩玉启（2006）	1. 功能价值 2. 感知成本 3. 情感价值 4. 知识价值 5. 社会价值
张凤超，尤树洋（2009，2010）	1. 功能性价值 2. 情境性价值 3. 情感性价值 4. 认知性价值 5. 社会性价值

资料来源：本研究参考相关文献整理

（三）体验价值评价研究

国外学者主要基于体验价值结构维度研究的结论对相关行业体验价值进行评价，国内学者近年来也开始借鉴国外研究模式进行体验价值评价：谌怡庆、甘筱青对旅游资源的体验价值进行了初步分析[①]；陈宥任等依据 Mathwick 的四维度理论对湖南岳麓山景区游客体验价值进行评价[②]；黄志红基于 Smitt 的战略体验模块尝试构建了休闲农业体验价值模型[③]。还有学者研究了提升体验价值的策略：张荣、夏燕红运用访谈法和逻辑推理提出了茶馆行业体验价值由功能性、情感性、社会性体验驱动的模型[④]；肖轶楠、夏沫以深圳华侨城为例提出主题公园体验价值的创造渠道[⑤]；皮平凡、刘晓斌初步构建了酒店企业顾客体验价值的创造模型[⑥]。

（四）体验价值的相关因果关系研究

现有研究中直接以"体验价值"名称进行相关因果关系的研究还不多，

---

① 谌怡庆，甘筱青：《旅游资源的体验价值分析》，价格月刊 2009 年第 5 期，第 22 - 23 页。

② 陈宥任，熊正德等：《顾客体验价值研究》，金融经济 2009 年第 2 期，第 85 - 86 页。

③ 黄志红：《休闲农业体验价值模型的构建及其应用》，统计与决策 2009 年第 23 期，第 123 - 124 页。

④ 张荣，夏燕红：《茶馆行业顾客体验价值驱动因素分析》，长春理工大学学报 2010 年第 5 期，第 51 - 53 页。

⑤ 肖轶楠，夏沫：《论主题公园体验价值的创造》，旅游学刊 2008 年第 5 期，第 57 - 60 页。

⑥ 皮平凡，刘晓斌：《酒店顾客体验价值研究》，商业研究 2009 年第 12 期，第 167 - 170 页。

多是用"顾客感知价值"。本研究因为把体验价值的概念理解为类似顾客感知价值但进行了内容范围拓展，所以在梳理前人文献时包括了顾客感知价值相关关系的研究。

体验价值的前因变量主要有形象、服务质量、情感反应等，Woodruff 和 Gardial 等学者认为体验价值与顾客消费后的认识紧密相关①，因此结果变量主要是顾客满意、顾客忠诚及行为意向等。研究中既有把体验价值与其他因素共同作为前因变量，也有单独把体验价值作为前因变量进行探讨。

1. 与其他变量共同构成前因变量的研究

共同和体验价值一起构成前因变量的有服务质量、形象、信任、动机等，这些变量在对顾客满意、顾客忠诚行为意向的影响过程中显示出来的重要性存在差异。Kisang Ryua 和 Heesup Han 等学者对酒店业进行实证研究发现形象和体验价值共同影响顾客满意度和行为意向，同时形象又对体验价值产生影响②；McDougall 和 Levesque 认为体验价值对满意度的影响比服务质量更重要③；宋春红和苏敬勤结合房地产经纪服务业，研究显示服务质量直接影响体验价值、顾客满意及顾客忠诚，体验价值对顾客满意产生直接影响，但对顾客忠诚不产生直接影响，通过顾客满意对顾客忠诚产生影响④。

2. 作为单独前因变量的研究

有学者和作者持一致意见，即认为体验价值是个范围很广的概念，涵盖所有体验感知评价，可以作为单独的前因变量研究顾客满意、顾客忠诚或行为意向。这些研究结论也成为本研究概念模型提出的理论基础。

① Woodruff, R., and S. F. Gardial. Know your customer: New approaches to customer value and satisfaction, Cambridge, MA: Blackwell. 1996, pp. 153.

② Kisang Ryua, Heesup Han. "The relationships among overall quick – casual restaurant image, perceived value, customer satisfaction, and behavioral intentions," International Journal of Hospitality Management, No. 27, 2008, pp. 459 – 469.

③ McDougall, G. H. G., and T. Levesque. "Customer satisfaction with service: Putting perceived value into the equation," Journal of Services Marketing, Vol. 5, No. 14, 2000, pp. 392 – 410.

④ Lee C, Yoon Y, Lee S. "Investigating the relationships among perceived value, satisfaction, and recom – mendations: the case of the Korean DMZ," Tourism Management, Vol. 1, No. 28, 2007, pp. 204 – 214.

Cronin 和 Oh 都认为体验价值比其他变量更适合作为行为研究的前因变量①②。

Murray 和 Howat 认为价值对满意度及行为意向的作用关系尤其值得紧密关注③。Eggert 和 Ulaga 研究体验价值和满意度、购买意向之间的关系时发现体验价值在满意度之前影响顾客的购买意向④；Mathwick 以零售业为研究对象验证了体验价值四维度都与重购意图正相关⑤；Babin 研究显示功利主义价值和享乐主义价值都对购物整体满意度正相关⑥；Ching – Hsue Cheng 等针对台湾电子产业调研发现体验价值对顾客忠诚度有正相关关系⑦；蒋廉雄和卢泰宏研究验证了体验价值对顾客满意具有显著影响、顾客满意对顾客忠诚也有显著影响，但没有验证体验价值对顾客忠诚的显著影响⑧；徐伟和景奉杰研究显示体验价值对顾客满意有显著影响，顾客满意也显著影响行为意向，体验价值中部分维度对行为意向有直接影响，有部分是通过满意度产生影响⑨；查金祥验证了电子商务体验价值通过顾客满意和信任对顾客忠诚产生影响，三个维度影响力对于高创新者由大到小是社会性价值、程序性价值和功能性价值，对于低创新者正好相反⑩。

① Cronin, J. J, Brady, M. K, Hult, G. T. M. "Assessing the effects of quality, value and customer satisfaction on consumer behavioral intentions in service environments," Journal of Retailing, Vol. 2, No. 76, 2000, pp. 93 – 218.

② Oh H. "Diners' perceptions of quality, value and satisfaction," Cornell Hotel and Restaurant Administration Quarterly, Vol. 3, No. 41, 2000, pp. 58 – 66.

③ Murray, Howat. "The relationships among service quality, value, satisfaction, and future intentions of customers at an australian sports and leisure centre," Sport Management Review, No. 5, 2002, pp. 25 – 43.

④ Park, C. W, Jaworski, B. J. & Maclnnis. "Strategic brade & concept – image management," Journal of Marketing, Vol. 10, No. 50, 1986, pp. 135 – 145.

⑤ 谢彦君：《旅游体验研究》，北京：中国旅游出版社 2010 年版，第 1 页。

⑥ 燕纪胜：《BZC 模式下的顾客价值构成维度研究［硕士学位论文］》，威海：山东大学 2008 年。

⑦ Ching – Hsue Cheng, You – Shyang Chen. "Classifying the segmentation of customer value via RFM model and RS theory," Expert Systems with Applications, No. 36, 2009, pp. 4176 – 4184.

⑧ 蒋廉雄，卢泰宏：《形象创造价值吗？—服务品牌形象对顾客价值—满意—忠诚关系的影响》，管理世界 2006 年第 4 期，第 106 – 129 页。

⑨ Hou Lun, Tang Xiaowo. "Gap model for dual customer values," Tsinghua Science and Technology, No. 6, 2008, pp. 395 – 399.

⑩ Gale, Y. Managing customer value creating quality and service that customers can see, New York: The Free Price, 1994, pp. 98 – 112.

（五）体验价值研究评述

通过上述对体验价值的文献回顾发现，体验价值已成为管理学者们关注的热点。体验价值研究内容范围开始扩大，逐渐成为综合涵盖质量、功能、价格、情感、认知等各方面体验感受的概念。但在体验价值的维度划分上，从划分方法到维度构建都还没有达成共识，还需要在不同行业进行继续探讨。在体验价值评价上还要继续发展成熟的体验价值量表。在相关作用关系上，顾客满意、顾客忠诚及行为意向是体验价值研究的主要结果变量，但不同领域研究显示体验价值与相关变量的影响路径不同；体验价值的影响力越来越被重视，学者们开始细致深入探讨体验价值不同维度对相关结果变量的影响。

二、游客满意度研究

（一）游客满意度（Tourist Satisfaction）的定义

很多学者对游客满意度进行了界定：Pizam 定义游客满意度为在旅游中旅游者对于目的地期望与旅游者在该地访问时的体验进行比较而产生的结果，如果体验与期望相比较而产生满足感，那么旅游者便感到满意①；Beard 等进一步强调游客满意是"积极的"期望实际体验感知或感觉②；Pearce 和 Moscardo 补充提出，对于跨文化旅游者而言，满意度的产生还与游客与东道主之间的价值体系相关③；Kingchan 还认为，游客与旅游环境融合一致程度增大，游客满意程度也增加④；汪侠等也认为游客满意度是游客期望同实地体验感知相比较的结果⑤。学者们对游客满意度概念的界定较为统一，大多数建立在 Oliver 的期望差异理论基础上。本研究也据此明确游客满意度（Tourist Satisfaction）的定义为：旅游期望与实际体验感知比较被满足的程度。

游客满意度的相关研究都建立在顾客满意理论基础上，在现有游客满意度研究中学者们根据不同情况选择了相应顾客满意理论进行了探讨。

① A. Pizam, Y. Neumann, "A Reichel – Dimensions of tourist satisfaction with a destination," Annals of Tourism Research, Vol. 3, No. 5, 1978, pp. 314 – 322.

② Beard J. B. Raghed M G. "Measuring leisure satisfaction," Journal of Leisure Research, No. 12, 1980, pp. 20 – 33.

③ P. Pearce and G. Moscardo. "Visitor evaluation: An appraisal of Goalsand techniques," Evaluation Review, No. 9, 1985, pp. 281 – 306.

④ 马峻：《城市旅游景区游客满意度测评研究 [硕士学位论文]》，杭州：浙江大学 2007 年。

⑤ 汪侠，刘泽华，张洪：《游客满意度研究综述与展望》，北京第二外国语学院学报 2010 年第 1 期，第 22 – 29 页。

（二）游客满意度测评的研究

准确测评游客满意度是改进旅游产品和服务的前提，这是目前旅游研究的主要关注点。测评使用的主要方法有服务质量测量量表（SERVQUAL）、服务流程分析方法（SBA）、重要性－绩效分析（IPA）、模糊综合评价法、灰色关联分析等。

国外研究中对顾客满意探讨比较成熟，但致力于旅游地游客满意度评价的却相对不太多。1978 年美国学者 Pizam 等对海滨旅游地游客满意的研究推动了游客满意理论的发展①，他提出了成本、海滩、住宿设施、餐饮设施、游憩机会、环境、好客度、商业化程度 8 个游客满意因子；Akama 对 SERVQUAL 增加价格和感知价值两个变量构建服务质量评价模型对肯尼亚 Tsavo west 国家公园游客满意度进行了测量②；Yinghua Liu 应用重要－绩效分析法（IPA）分析了美国的中国餐厅顾客满意度和行为意向的影响因素③；Laws 应用服务流程分析法（SBA）对英国 Leeds 城堡的游客和管理员访谈，分析问题以提高游客满意度管理④；Joaquin Alegre 等采用分析法针对阳光海岸度假地游客满意因素和不满意因素作了分析，认为导致满意的因素有环境、文化沟通、活动参与、便捷性及价格，导致不满意度因素有服务不到位及过度开发等⑤；Jaume Garau、Beeho 及 New Lanark 以世界遗产村落为研究对象采用方格分析法（ASEB）对游客游览过程感受进行了调研分析以提高游客满意度⑥；Laurie Murphy 等对游客在旅游购物村购物体验的满意度进行了调研分析⑦。

游客满意度测评是目前国内旅游研究的热点，学者们借鉴国外相对成熟的

① Pizam A. "Tourism's impacts: The social costs to the destination community as perceived by its residents," Journal of Travel Research, No. 3, 1978, pp. 8 – 12.

② Akama J. Damianmah M K. "Measuring tourist satisfaction with Kenya's wildlife safari: A case study of Tsavo West National Park," Tourism Management, No. 24, 2003, p. 73 – 81.

③ Yinghua Liu, SooCheong Jang. "Perceptions of Chinese restaurants in the U. S.: What affects customer satisfaction and behavioral intentions? ," International Journal of Hospitality Management, No. 28, 2009, pp. 338 – 348.

④ Laws E. "Conceptualizing visitor satisfaction management in heritage settings: An exploratory blueprinting analysis of Leeds Castle Kent," Tourism Management, Vol. 6, No. 19, 1998, pp. 545 – 554.

⑤ Joaquin Alegre. "Tourist satisfaction and dissatisfaction," Annals of Tourism Research, No. 37, 2010, pp. 52 – 73.

⑥ A. Pizam, Y. Neumann, "A Reichel – Dimensions of tourist satisfaction with a destination," Annals of Tourism Research, Vol. 3, No. 5, 1978, pp. 314 – 322.

⑦ Laurie Murphy, Gianna Moscardo. "Evaluating tourist satisfaction with the retail experience in a typical tourist shopping village," Journal of Retailing and Consumer Services, No. 18, 2011, pp. 302 – 310

顾客满意理论模型结合我国旅游特点进行了相关研究：连漪、汪侠在借鉴美国顾客满意指数体系（ACSI）基础上构建包含顾客感知质量、顾客期望、顾客感知价值、顾客满意度、顾客抱怨及顾客忠诚6个变量的旅游地顾客满意度指数评价模型（TDCSI）①；汪侠、顾朝林、梅虎又对其进行修正完善，结合旅游景区的特点，构建了由7个变量：感知质量、顾客预期、景区形象、感知价值、顾客满意度、顾客抱怨、顾客忠诚构成的旅游景区顾客满意度指数（TACSI）模型并进行了验证②；董观志、杨凤影运用模糊综合评价法，在对旅游景区业务流程分析基础上提炼游客满意的影响因素，构建了包含旅游景观、餐饮、娱乐、交通、住宿、娱乐、购物、景区形象、基础设施、管理与服务11个测评指标的游客满意度测评指标体系③；南剑飞、李蔚利用灰色系统理论对旅游景区满意度进行了评价分析④；田坤跃基于三角模糊评价理论结合IPA方法，设计了满意度影响因素的 Fuzzy – IPA 分析法，定量研究提出景区服务、旅游景观和景区管理属于表现质量因素，旅游接待和基础设施属于基本质量因素，据此提出管理建议提高景区游客满意度⑤；李瑛采用层次分析法构建包含环境气氛、娱乐、旅游景观、旅游服务与管理、旅游商品、住宿、餐饮、交通与通讯8个评价项目、共34个评价因子的游客满意度测评体系⑥。

各类游客满意度测评体系的大量涌现使得游客满意度的影响因素越来越明晰，这为本研究设计体验价值的测量指标提供了丰富的理论基础。

（三）游客满意度的相关因果关系研究

上述游客满意度测评体系主要探讨的是满意度具体指标，对游客满意度综合衡量指标有总体满意度、与期望值相比的满意度及与其他同类型产品相比的满意度等，总体满意度变量多在因果关系分析中采用。借鉴顾客满意理论，学者们探讨游客满意度的前因变量主要涉及顾客期望、感知质量、体验价值、旅

① 连漪，汪侠：《旅游地顾客满意度测评指标体系的研究及应用》，旅游学刊 2004 年第 5 期，第9 – 13 页。

② 汪侠，顾朝林：《旅游景区顾客的满意度指数模型》，地理学报 2005 年第 5 期，第 807 – 816 页。

③ 董观志，杨凤影：《旅游景区游客满意度测评体系研究》，旅游学刊 2005 年第 1 期，第 27 – 30 页。

④ 南剑飞，李蔚：《基于灰色系统理论的旅游景区游客满意度评价研究》，商业研究 2008 年第 12 期，第 46 – 49 页。

⑤ 田坤跃：《基于 Fuzzy – IPA 的景区游客满意度影响因素的实证研究》，旅游学刊 2010 年第 5 期，第 61 – 65 页。

⑥ 李瑛：《旅游目的地游客满意度及影响因子分析》，旅游学刊 2008 年第 4 期，第 43 – 48 页。

游地形象、旅游动机等，结果变量主要有游客忠诚、行为意向及游客抱怨。

Dorfman 提出除了旅游地各要素外，个人目的、环境条件及期望都会影响游客满意[1]；WanGilly 对期望类型进行了划分并验证期望类型不同会影响期望与游客满意度关系[2]；Baker 等对质量-满意度-行为倾向之间的关系进行研究，发现质量既直接影响行为意向也通过满意度间接影响行为意向[3]；Sangjae Lee 等针对韩国的中国游客实证研究却显示游客满意度与游客忠诚没有关系[4]；Lee 研究发现体验价值的三方面：功能价值、总体价值和情感价值对游客满意度都有显著影响[5]；Yoon 和 Uysal 验证了旅游推、拉动机对游客满意度和忠诚度的正向影响[6]；Christina 等构建了旅游地形象、游客满意度、游客忠诚正向影响关系的结构方程模型并进行了验证[7]；Bigne 和 Sanchez 提出并验证了形象-满意度-重游或向他人推荐模型中的因果关系[8]。

沈向友采用因子分析和回归分析研究了旅游过程中各要素对旅行社服务质量及游客满意度的影响[9]；李瑛基于对抽样调查数据的 Co－plot 分析和多元回归分析，得出游客满意度与期望呈负相关、与实际感知呈正相关的结论[10]；卞显红采用结构方程建模研究验证了旅游地形象、质量、满意度及游后行为意向

[1] Dorfman P W. "Measurement and meaning of recreation satisfaction: A case study in camping," Environmental and Behavior, Vol. 4, No. 11, 1979, pp. 483 –510.

[2] Gilly, Cron, Barry. International fare in consumer satisfaction and complaining behavior, Indiana University, Bollmington, 1983, pp. 10 – 16.

[3] Baker D A. Crompton J L. "Quality, satisfaction and behavioral intentions," Annals of Tourism Research, Vol. 27, No. 3, 2000, pp. 785 – 804.

[4] Sangjae, Sungil Jeon. "The impact of tour quality and tourist satisfaction on tourist loyalty ," Tourism Management, No. 32, 2011, pp. 1115 – 1124.

[5] Oliver R L, Burke R R. "Expectation processes in satisfaction formation," Journal of Service Research, Vol. 3, No. 1, 1999, pp. 196 – 214.

[6] Yoon Y, Uysal M. "An examination of the effects of motivation and satisfaction on destination loyalty: A structural model," Tourism Management, No. 26, 2005, pp. 45 – 56.

[7] Christina Geng – Qing Chia, Hailin Qu. "Examining the structural relationships of destination image, tourist satisfaction and destination loyalty," Tourism Management, No. 29, 2008, pp. 624 – 636.

[8] Bigne, Sanchez. "Tourism image, evaluation variables and after purchase behavior inter – relations," Tourism Management, No. 22, 2001, pp. 607 – 616.

[9] 沈向友：《旅行社服务质量与游客满意度影响因素分析》，旅游学刊 1999 年第 5 期，第 25 – 30 页。

[10] 李瑛：《旅游目的地游客满意度及影响因子分析》，旅游学刊 2008 年第 4 期，第 43 – 48 页。

之间的正相关关系①；余向洋、沙润等运用方差分析和多元回归分析，探讨了不同游客属性满意度的差异性②；汪侠、梅虎构建旅游地顾客忠诚结构方程模型，研究发现游客忠诚的表现不仅是重游，更关键的是口碑推荐和宣传③；Singh 对数据分析显示游客不满意程度越高，产生抱怨、离开及传播负面口碑的可能性越大④。

（四）游客满意度研究评述

从国内外相关研究可知，顾客满意理论是游客满意度研究重要的理论基础。在研究内容上，游客满意度评价已得到国内外学者们的广为关注；在游客满意度的因果关系研究上，国外学者探讨更多些，而且多是采用结构方程建模进行实证研究，国内学者相关研究还较少，定量建模等研究方法的使用也还很薄弱，但已逐渐认识到这方面的研究价值；对影响游客满意度的前因变量目前多探讨的是期望、质量、形象，而体验价值这个范围最全面的变量对游客满意度的影响探讨还不多，今后需加强。

三、行为意向研究

（一）行为意向（Behavioral Intention）的概念界定

Engel 提出行为意向来自于态度，是指消费者在消费后，对于产品或企业所可能采取特定活动或行为倾向⑤，是衡量消费者未来行为的准确指标⑥，基于意向的理论模型研究中很多把行为意向作为行为的主要前导变量。Ajzen 等学者定义意向是行为表现的必须过程，是行为出现前的决定⑦，认为行为意向

---

① 卞显红：《旅游目的地形象、质量、满意度及其购后行为相互关系研究》，华东经济管理 2005年第 19 期第 1 卷，第 84－89 页。

② 余向洋，沙润等：《基于旅游者行为的游客满意度实证研究》，消费经济 2008 年第 8 期，第 58－62 页。

③ 汪侠，梅虎：《旅游地顾客忠诚模型及实证研究》，旅游学刊 2006 年第 10 期，第 33－38 页。

④ Singh J. "Voice, exit, and negative word of mouth behaviors: An investigation across three service categories," Journal of the Academy of Marketing Science, Vol. 1, No. 18, 1990, pp. 1－15.

⑤ Engel, Blackwell, N Yiniard. Consumer behavior, Newyork: The Drydden, 1995, p. 365.

⑥ Wen－Tai Lai, Ching－Fu Chen. "Behavioral intentions of public transit passengers—The roles of service quality, perceived value, satisfaction and involvement," Transport Policy, No. 18, 2011, pp. 318－325.

⑦ Ajzen, I. Driver B. L. "Prediction of participation from behavior, normative and control beliefs: An application of the theory of planned behavior," Leisure Science, Vol. 13, 1991, pp. 173－185.

是个人从事某特定行为的主观概率①。研究顾客的行为意向，了解其游后重游意愿及口碑推荐意愿等可以用来预测顾客是否会成为企业的长期客户，能否为企业带来较多利润，这个问题的研究对企业尤为重要②。

行为意向的概念界定也较为统一，在本研究中借鉴 Engel 的观点定义游客行为意向为：游客在旅游体验后对于旅游产品或旅游地可能采取特定活动或行为倾向③。依据规划行为理论（Theory of planned behavior），如图 2 - 1 所示，行为意向会激发未来的行为④。游客忠诚度问题多采用行为意向这一变量进行研究。

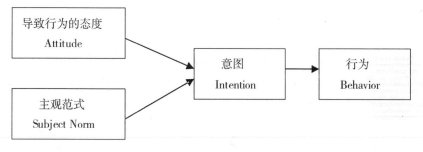

图 2 - 1　规划行为理论模式

资料来源：Ajzen, I. Fishbein, M. Understanding Attitudes and Predicting Social Behavior ［J］. Prentice - Hall, Englewood Cliffs, NJ. 1980.

（二）行为意向的相关因果关系研究

服务质量、顾客价值、顾客满意、顾客参与及服务补救程度等都被认为是行为意向的前因变量⑤，许多学者进行过验证：Cronin 和 Brady 等认为质量、价值对满意度、行为意向具有直接和间接正相关关系⑥；Boulding 研究发现顾

① Ajzen I, Fishbein M. "Attitude - Behavior relations: A theoretical analysis and review of empirical study," Psychological Bulletin, No. 8, 1977, pp. 888 - 918.

② 樊玲玲：《湿地公园游客体验与游后行为意向的关系研究［硕士学位论文］》，杭州：浙江大学 2009 年。

③ Engel, Blackwell, N Yiniard. Consumer behavior, Newyork: The Drydden, 1995, p. 365.

④ Ajzen, Fishbein. "Understanding attitudes and predicting social behavior," Prentice - Hall, Englewood Cliffs, NJ, 1980, pp. 73 - 80.

⑤ Chen, C. "Investigating structural relationships between service quality, perceived value, satisfaction, and behavioral intentions for air passengers: evidence from Taiwan," Transport, Vol. 4, No. 42, 2008, pp. 709 - 717.

⑥ Cronin, J. J, Brady, M. K, Hult, G. T. M. "Assessing the effects of quality, value and customer satisfaction on consumer behavioral intentions in service environments," Journal of Retailing, Vol. 2, No. 76, 2000, pp. 193 - 218.

客感知质量与再购意向、推荐意向具有正相关关系①；Wen – Tai Lai 等针对交通乘客研究并验证了服务质量、感知价值、顾客满意及涉入程度对行为意向的正向影响②；张圣亮采用在饭店服务中采用情景模拟法研究验证了服务补救对重购意向显著正相关③；李幼瑶和樊玲玲分别针对主题公园和湿地公园研究验证了体验价值对行为意向的显著影响④⑤。

满意度与行为意向之间的强烈作用关系已是广为认可的观点⑥，顾客满意度被认为是购后行为意向前因变量⑦⑧，Anderson 和 Sullivan 认为在服务业背景下顾客满意度应该是行为意向一个直接的前因变量⑨。在旅游研究中，Beeho 和 Prentice 发现游客满意度与重游意愿、口碑宣传意愿之间有显著的正相关作用⑩；Bolton 认为口碑传播作用在旅游业中尤为重要，因为旅游产品具有生产与消费同时进行的特性，体验者推荐的信息会令人感到可靠和信任⑪；Anderson 和 Sullivan 研究发现，体验价值会正向影响顾客再购行为，顾客的再购意向与购买意图为顾客忠诚的表现⑫。

① Boulding, Kalra, Zeithmal. "A dynamic process model of service quality: From expectations to behavioural intentions," Journal of Marketing Research, No. 30, 1993, pp. 7 – 27.

② Wen – Tai Lai, Ching – Fu Chen. "Behavioral intentions of public transit passengers—The roles of service quality, perceived value, satisfaction and involvement," Transport Policy, No. 18, 2011, pp. 318 – 325.

③ 张圣亮，张文光：《服务补救程度对消费者情绪和行为意向的影响》，北京理工大学学报 2009 年第 12 期，第 82 – 89 页。

④ 樊玲玲：《湿地公园游客体验与游后行为意向的关系研究［硕士学位论文］》，杭州：浙江大学 2009 年。

⑤ 李幼瑶：《主题公园消费体验、体验价值和行为意向关系的研究［硕士学位论文］》，杭州：浙江大学 2007 年第 15 页。

⑥ Bitner. "Evaluating service encounters: The effect of physical surroundings and employee responses," Journal of Marketing, Vol. 4, No. 54, 1990, pp. 69 – 82.

⑦ Zeithaml. "Consumer perceptions of price, quality, and value: A means – end model and synthesis of evidence," Journal of Marketing, No. 52, 1988, pp. 2 – 22.

⑧ Patterson, "Spreng. Modelling the relationship between perceived value, satisfaction and repurchase intentions in a business – to – business," International Journal of Service Industry Management, Vol. 5, No. 8, 1997, pp. 414 – 434.

⑨ Anderson, Sullivan. Customer satisfaction and retention across firms, Nashville, TN, 1990, pp. 89.

⑩ Beeho, Prentice. "Conceptualizing the experiences of heritage tourists: a case study of New Lanark World Heritage Village," Tourism Management, No. 18, 1997, pp. 75 – 87.

⑪ Bolton, Drew. "A multistage model of customers' assessments of service quality and value" Journal of Consumer, Vol. 4, No. 17, 1991, pp. 375 – 384.

⑫ Anderson, Sullion. "The antecedents and of customer satisfaction for firms," Marketing Science, Vol. 2, No. 121, 993, pp. 125 – 143.

（三）行为意向的衡量指标

学者们提出的行为意向归纳起来可以分为正向的和负向的两大类：正向的行为意向包括重购意向、正面宣传、口碑传播、支付更多等指标，负向的行为意向包括抱怨、转换意向等。学者们在研究中采用的衡量指标见表 2-3 所列，从学者们研究行为意向指标的选用上可知研究可以根据需要选择其中的相关指标。

表 2-3　行为意向的衡量指标

研究者	衡量指标
Boulding（1993）	再购意向，是否愿意推荐①
Parasuraman, Zeitham, Berry（1991）	忠诚度，转移，支付更多，及外部回应，内部回应②
Lassar, Mittal（1995）	推荐意向，转换意向③
Blackwell（2001）	购买意向，再购意向，采购意向，支出意向，消费意向④
Sunghyup（2011）	正面评价，向别人推荐，再次入住意愿⑤
岑成德，钟煜维（2010）	重游意愿，推荐意愿⑥
赵晓煜，曹忠鹏（2010）	再次消费、向亲友推荐、消费更多费用，增加停留时间⑦
樊玲玲（2009）	愿意重游、向亲友推荐、从其他公园转向此地⑧

资料来源：本研究参考相关文献整理

---

① Ajzen I, Fishbein M. "Attitude - Behavior relations: A theoretical analysis and review of empirical study," Psychological Bulletin, No. 8, 1977, pp. 888 -918.

② Parasuram A, "BerryLL and Zeithaml VA. Refinement and reassessment of the SERVQUAL scale," Journal of Retailing, Vol. 4, No. 67, 1991, pp. 420 -451.

③ Lassar W, "Mittal B and Sharma A. Measuring customer - based brand equity," Journal of Consumer Marketing, Vol. 4, No. 12, 1995, pp. 11 -19.

④ Blackwell, Miniard. "Consumer behavior," New York: The Drydden, Vol. 8, 2001, pp. 96 -105.

⑤ Sunghyup Sean Hyuna, Wansoo Kim. "The impact of advertising on patrons' emotional responses, perceived value, and behavioral intentions in the chain restaurant industry," International Journal of Hospitality Management, No. 30, 2011, pp. 689 -700.

⑥ 岑成德，钟煜维：《生态旅游者旅游动机、顾客参与和行为意向的关系》，华南理工大学学报（社会科学版）2010 年第 8 期，第 6 -11 页。

⑦ 赵晓煜，曹忠鹏：《享乐型服务的场景要素与顾客行为意向的关系研究》，管理科学 2010 年第 8 期，第 48 -57 页。

⑧ 樊玲玲：《湿地公园游客体验与游后行为意向的关系研究［硕士学位论文］》，杭州：浙江大学 2009 年。

（四）行为意向的研究评述

综合以上学者们的研究可知，行为意向已被看作是衡量消费者未来行为的重要变量，也是顾客忠诚研究中的意向忠诚，对意向内容也不仅只关注重购意向，更注重口碑、推荐及支付更多等方面。在因果关系研究中，顾客价值、感知质量、顾客满意度都是其重要的前因变量，在旅游研究中，体验价值成为影响行为意向的主要因素，这其中的作用机制也成为学者关注的重点。

四、环城游憩研究

（一）国外环城游憩的相关研究

环城游憩的研究缘起于城市周边旅游地的研究，最早涉及的是德国地理学家 H. Louis（1936）在研究德国柏林城市地域结构时提出城市边缘带，1938 年英国环城绿带法明确了"环城绿带"的概念①。国外学者对环城游憩研究多从旅游空间地域系统分布的角度来探讨：英国的 Conzen 认为城市边缘带是城市地域扩展的前沿，划分了内缘带、中缘带和外缘带三个组成部分②；美国学者 Gay 提出了"都市旅游环带模式"，鉴于旅游吸引物、旅游设施、旅游活动的差异，他以城市核心为中心，将城市外围划分 4 个环带进行区域旅游功能区分③；进入 70 年代中期，以 H. Carter 与 S. Wheatley 为代表的一些学者提出边缘带已发展成为一个独特的区域，应以多角度来研究边缘带的演替④；80 年代初前苏联地理学家注意到环绕城市周边的游憩地带，普列奥布拉曾斯基等认为城市周围娱乐带的发展是对城市化的一种弥补和"反动"⑤；由于经济水平和出游习俗的不同，现代发达国家城市居民向郊区的游憩活动特征明显有别于中国环城游憩现象，西方城市郊区已经由临时性的周末出游活动空间转变为永久性或半永久性的度假别墅游憩空间⑥。近年来国外环城游憩研究领域和方法都有所拓展：Cybriwsky

① 赵媛，徐玮：《近 10 年来我国环城游憩带研究进展》，经济地理 2008 年第 5 期，第 492 – 496 页。

② Conzen, Alnwick, Norhubmberland. a Study in Town – plan analysis, Institute of British Geographers Publication NO. 27. London. George Philip, 1960，p. 231.

③ Gay Lieber, Fesenmiaier D R. Recreation planning and management［M］. London：E&F. N. Spon Ltd, 1972，p. 68.

④ Carter, Wheatley. "Fixation lines and fringe belts, land uses and social areas. 19 – century chang in the small tocon," Transaction of the Institute of British Georgraphers, No. 4, 1979，pp. 89 – 94.

⑤ 普列奥布拉曾斯基，克列沃谢耶夫；吴必虎，蒋文莉等译：《苏联游憩系统地理》，广州：华东师范大学旅游教育专业印行 1989 年，第 146 页。

⑥ Stephen, Smith. "Regional analysis of tourism resources," Annals of Tourism Research, 1987，pp. 78 – 119.

通过对东京、纽约土地利用的观察，总结了发展新趋势开放城市周边空间①；Ingo Zasada 基于对城市农产品需求及城市居民的体验需求分析，提出在城市边缘区大力开发参与性农场，同时具备生产及游憩功能②；P. Chaminuka 等针对高低收入不同的群体实证研究在乡村社区发展生态旅游的潜力，结论显示高收入群体更愿意花费更多费用在乡村进行优质的生态旅游③。

国外环城游憩研究理论早期主要集中于空间结构分析，后来逐渐趋向规划、开发利用等方面，或者说早期关注地的演变，后来逐渐转为关注人与地的相互影响。

（二）国内环城游憩的相关研究

国内学者对环城游憩的研究内容涉及环城游憩发展的背景、形成机制和区位特征、环城游憩行为特征及开发建议，主要的理论进展聚焦在环城游憩空间形态和行为研究上，以下对这两方面的理论研究进行归纳：

1. 环城游憩空间形态研究

国内对环城游憩的研究最初也是从地理学视角研究空间形态：吴必虎采用定性描述、案例分析方法，分析了影响环城游憩带形成的要素，主要有居民出游需求、投资偏好、政府拉动，整体空间呈圈层结构④；吴必虎认为环城游憩空间区位选择是在土地租金和旅行成本的双向力量作用下，投资者和旅游者达成的一种妥协⑤；苏平、党宁、吴必虎采用旅游计量地理方法，调研北京周边 235 个旅游地，归纳了环城游憩带类型，分别是人文观光旅游地、人工娱乐旅游地、自然观光旅游地、运动休闲旅游地⑥；李江敏、刘承良发现武汉环城游憩带的空间演变规律：环城游憩带推进的逆层次化、区域功能的集聚化、环城游憩带开发的区域一体化三个方面⑦；李连璞、付修勇探讨了空间相互作用模

①　Cybriwsky, "Changing patterns of urban public space: Observation sand assessment from the Tokyo and New York metropolitan," Cities, Vol. 4, No. 16, 1999, pp. 73 – 77.

②　Ingo Zasada. "Multifunctional peri – urban agriculture— A review of societal demands and the provision of goods and services by farming," Land Use Policy, No. 1, 2011, pp. 1 – 10.

③　Chaminuka, Groeneveld. "Tourist preferences for ecotourism in rural communities adjacent to Kruger National Park: A choice experiment approach," Tourism Management, No. 2, 2011, pp. 1 – 9.

④　吴必虎：《大城市环城游憩带研究 – 以上海为例》，地理科学 2001 年第 8 期，第 354 – 359 页。

⑤　Cybriwsky, "Changing patterns of urban public space: Observation sand assessment from the Tokyo and New York metropolitan," Cities, Vol. 4, No. 16, 1999, pp. 73 – 77.

⑥　苏平，党宁，吴必虎：《北京环城游憩带旅游地类型与空间结构特征》，地理研究 2004 年第 5 期，第 403 – 410 页。

⑦　李江敏，刘承良：《武汉环城游憩地空间演变研究》，人文地理 2006 年第 6 期，第 90 – 96 页。

型，发现环城游憩带存在"时空缩减"规律①；王淑华定性分析了环城游憩带已成为大城市旅游空间体系的一个重要组成部分②；王铁、张宪玉探讨环城游憩带乡村旅游开发的影响因子，包括客源市场、可进入性、乡村特征③。

2. 环城游憩行为研究

环城游憩行为研究主要采用了三种研究方法：问卷调查、描述分析、统计分析。目前研究主要侧重行为特征分析和相应的市场开发建议：李江敏、张立明基于问卷调查分析了武汉市居民环城游憩行为特征，提出环城游憩行为的发展趋势④；吴必虎、伍佳、党宁总结了杭州居民对于环城游憩产品类型、目的地区位、游憩时间的偏好规律，不同时间的约束条件下，居民对环城游憩目的地区位偏好会呈现明显不同的倾向⑤；粟路军、许春晓提出城市居民环城游憩活动的理想距离是 2 小时左右车距⑥；李江敏、丁黎明、李志飞基于期望差异模型，测度城市居民环城游憩的满意度，比较其期望和感知的特征差异，对城市居民环城游憩的总体满意度和感知差异进行了相关分析⑦；黄爱莲、潘东南分析了南宁市民环城游憩行为特征，提出促进发展建议⑧。

（三）环城游憩研究评述

文献梳理发现，研究者多数依据地理学理论从空间形态角度探讨环城游憩问题，对行为研究也只是针对不同地区居民环城游憩行为特征进行了初步调查分析。作为体验经济的代表性产业—旅游业中快速发展的旅游形式，对于在体验经济背景下游客的体验感受、体验需求、满意度、游后行为意向等问题探讨还太少。此外，研究中应用管理学相关方法对环城游憩行为的量化研究也不多。环城游憩研究中亟待从管理学视角探讨"人"与"地"的相互影响，用

① 李连璞，付修勇：《从"时空缩减"视角看环城游憩带发展》，地理与地理信息科学 2006 年第 3 期，第 97–99 页。

② 王淑华：《大城市环城游憩带发展态势研究》，城市问题 2006 年第 1 期，第 31–33 页。

③ 王铁，张宪玉：《基于概率模型的环城游憩带乡村旅游开发决策路径研究》，旅游学刊 2009 年第 11 期，第 30–35 页。

④ 李江敏，张立明：《都市居民环城游憩行为初探》，开发研究 2004 年第 6 期，第 83–85 页。

⑤ 吴必虎，伍佳，党宁：《旅游城市本地居民环城游憩偏好：杭州案例研究》，人文地理 2007 年第 2 期，第 27–29 页。

⑥ 粟路军，许春晓：《城市居民环城游憩距离选择的实证研究》，旅游科学 2008 年第 2 期，第 34–39 页。

⑦ 李江敏，丁黎明，李志飞：《城市居民环城游憩满意度评价》，消费经济 2008 年第 3 期，第 56–59 页。

⑧ 黄爱莲，潘东南：《新休假制度与南宁市民环城游憩行为分析》，广西社会科学 2010 年第 1 期，第 26–30 页。

科学方法探寻环城游憩的发展战略与方向。

五、文献评述

纵观上述回顾的文献，每个领域研究者都进行了大量的探讨，推进着相关理论的进展，体验价值、游客满意度及行为意向的研究不是彼此隔离，而是有着千丝万缕的联系。现有研究的主要贡献和研究局限主要体现在以下四个方面：

（一）体验价值内涵扩大，但探讨不足

从顾客价值到体验价值的概念研究过程获知，研究者的视角逐渐转移到消费者身上，关注顾客体验产品和服务中的所有感受，认为一切消费都是以价值为基础，这吻合了体验经济发展的大背景。体验价值的内涵开始扩大，以前剥离于顾客价值之外的因素——服务质量、情感、形象等因素都被囊括在新的体验价值概念中，对顾客体验后的相关认知如满意度、忠诚度、行为意向等的影响力更大，在研究中体验价值开始成为这些认知研究的单独前因变量出现，这是新的经济背景下体验价值理论的推进。现有研究还存在一定不足：体验价值的维度构成尚无统一定论，特别在一些体验经济代表行业的探讨还较缺乏，体验价值的量表体系在新的内涵扩大下还需进一步完善。

（二）体验价值、游客满意度及行为意向的关系研究存在局限

在较成熟的顾客满意理论中，顾客满意度是顾客价值和顾客忠诚或行为意向之间的重要中介已被广为认可。行为意向中的口碑宣传和推荐意向在旅游业中的影响力日益得到学者们的关注。在行为意向形成机制探讨中体验价值、游客满意度等前因变量也被引入，现有研究对三者之间的作用关系探讨很热烈：有观点认为体验价值对游客满意度和行为意向都有直接影响；有观点则认为体验价值必须通过游客满意度才能对行为意向产生影响；也有研究甚至与顾客满意理论相悖提出游客满意度对游客忠诚没有影响。这些观点虽然不一致，却推进着理论研究并对于其所研究的领域起到了一定的指导意义。

体验价值、游客满意度及行为意向的关系研究虽然热烈但还存在一些局限：

1. 很多研究只是把体验价值作为一个整体变量进行探讨。在体验价值内涵扩大的背景下，有必要细分其维度并深入探讨各维度对各结果变量的影响力，以清楚把握体验价值各维度的重要程度。

2. 体验价值对游客满意度和行为意向的影响机制还需进一步探讨。目前的直接或间接影响观点各异，针对各具体领域，研究者应进行更加严谨的实证研究，探寻体验价值对游客满意度及行为意向的影响路径，为确立行业正确有效的指导战略提供理论基础。

3. 体验价值内部的层次作用关系还未被关注。虽有学者曾提出体验价值构成具有一定的层次性，如同需要的产生一样低阶段产生高阶段才会出现，但这些不同层次的体验价值在对游客满意度、行为意向等结果变量影响过程中是否存在相互作用？哪些类型的体验价值承担着更重要的传递作用？这些问题的解答还需要对体验价值内部结构深入剖析并尝试进行维度间层次作用的实证研究。

4. 研究领域和研究方法上还需拓展。研究体验价值与游客满意度及行为意向的关系还可以拓展到不同类型的体验产业中进行实证研究，为各类管理应用提供借鉴；在研究方法上，国内学者还应加强采用结构方程建模的方法进行探讨。

（三）环城游憩研究从空间视角的研究成果丰富，但还需从管理学视角进一步探讨

环城游憩作为旅游业中快速发展的旅游形式，目前研究者多数依据地理学理论从空间形态角度探讨，但"人""地"和谐高效管理中还需要注重加强采用管理学相关方法对游客满意度、游后行为意向等问题深入探讨，为环城游憩开发管理实践提供理论指导。

以上是对文献综述的简要评述，也为本研究指出了探索方向：本研究将以环城游憩游客为研究对象，构建环城游憩体验价值结构体系，尝试研究体验价值内部的层次作用关系，深入探讨体验价值、游客满意度及行为意向之间的作用机制，以期进一步推进这些相关领域的研究进展。

第二节　理论基础

一、期望价值理论

期望价值理论（Expectancy–value theory；EVT）是管理学、心理学动机研究中的重要理论，其研究可以追溯到 Tolman（1932）和 Lewin（1938）及其他理论家，其基本观点是：动机行为是由个体的需要和环境中可获得的目标的价值共同引起的[①]。

（一）早期的期望价值理论

新行为主义者 Tolman 提出：行为的产生不是由于强化，而是由于个体对

---

① Herbert L. Petri John M. Govern. 郭本禹等译：《动机心理学》，陕西师范大学出版社 2005 年版，p. 210。

一个目标的期望，为什么产生期望是由于个体认知了目标的价值。

对于个体如何对他们将要进行的行为抉择？ Lewin 提出，抱负水平的构想能记录这个决策过程。抱负水平是指在一个任务中个体基于过去经验的认知为自己定的目标或标准，先前的成功一般会引起抱负水平上升，而失败通常会降低抱负水平①。

基于 Tolman 和 Lewin 的期待和抱负水平构想，Atkonsin 提出第一个系统的成就动机理论，运用数学推理建构成就动机模型，他认为成就行为取决于成就驱力、成功预期以及诱因价值三个因素。

早期的期望价值理论尤其是 Atkonsin 的观点在上世纪 60 年代至 80 年代将近 20 年时间里的成就动机研究中占据了非常重要的地位，后来学者以此为基础进行了修正和拓展。

（二）现代期望价值理论

Eccles 等学者提出并验证了一个成就相关选择的期望价值理论模型，认为成功可能性预期与相对价值是选择的关键性决定因素，并给出了四种任务价值成分：获取价值、内部价值、效用价值与花费。

Feather 拓宽了价值概念，他把价值定义为一系列对于个体感知到的的稳定的、整体的信念，认为认为价值是一种引导个体做该做事情的动机，是由多种因素决定的。

Heckhausen 尝试整合许多不同的动机研究方法对 Atkonsin 理论模型进行精细化。他区分出了四种不同的期望模型：情境—结果、活动—结果、经由情境的活动—结果与结果—影响，认为活动的动机主要取决于个人对行为影响的价值认识②。

现代期望价值理论与早期研究相比最重要的贡献是期望与价值建构的精细化及其关系研究，并与广泛的心理和社会文化因素相联系，为实证研究提供了可操作性。但现代期望价值理论目前过分强调理性的认知过程而忽视其他方面的影响，还需要加强对情感方面的研究以及进一步分析情境与个人动机的交互作用③。

根据对期望价值理论的梳理，获知价值的判断基于个体对已有经历的多方面认知，是动机和行为产生的主要因素，已有学者研究证明了这一观点：

① 李江敏，张立明：《都市居民环城游憩行为初探》，开发研究 2004 年第 6 期，第 83 - 85 页。
② 同上。
③ 姜立利：《期望价值理论的研究进展》，上海教育科研 2003 年第 2 期，第 33 - 35 页。

Croninl 和 Oh 等学者认为体验价值比质量等变量更适合作为行为研究的前因变量；Mathwick 和 Ching – Hsue Cheng 等学者验证过体验价值对行为意向或顾客忠诚的显著影响；Babin 和 Bojanic 等学者验证过体验价值对顾客满意的显著影响；Eun – Ju Lee 和徐伟等学者构建过体验价值、顾客满意与行为意向之间的关系模型并得到验证。

本研究基于期望价值理论，借鉴学者们的研究成果，选择体验价值作为游客满意度及行为意向的前因变量，注重分析情感及情境等因素，在对环城游憩体验价值构成体系研究基础上，探讨体验价值对游客满意度及行为意向的作用机制。

二、顾客满意理论

顾客满意理论是游客满意度相关研究的理论来源，也是本研究开展的理论依据。

自美国消费心理学家 Cardozo1965 年首次提出顾客满意理论（Customer satisfaction theory）①以来，"顾客满意"问题在营销学研究中一直占据重要地位。顾客满意战略（CS 战略）日益成为企业占有更多市场份额、获得竞争优势的整体经营手段，其基本理念是企业为顾客而生存，站在顾客的视角审视企业的经营活动②。学者们也从不同角度对顾客满意进行了概念界定：Oliver 认为顾客满意度就是消费者先前期望与实际对产品或服务感知之间的差距③；Bolton 认为顾客满意是顾客购后经验产生的情感因素，会影响到购后意愿和行为④。研究者对于顾客满意度的形成机制及影响结果提出了不同理论模型并进行了验证，代表性理论有期望差异理论、愿望满足 – 期望一致模型、情感模型、顾客满意度指数模型等。

（一）期望差异理论

Oliver1980 年提出期望差异理论（Expectancy – disconfirmation theory），目

---

① Cardozo, Richard N. "A Experimental Study of Consumer Effort," Journal of Marketing Research, No. 8, 1965, p. 42 – 43.

② 崔迅：《顾客价值链与顾客满意》，经济管理出版社 2004 年版，第 4 页。

③ Oliver. "A cognitive model of the antecedents and consequences of satisfaction decisions," Journal of Marketing Research, Vol. 4, No. 17, 1980, pp. 460 – 469.

④ Patterson, Spreng. "Modelling the relationship between perceived value, satisfaction and repurchase intentions in a business – to – business," International Journal of Service Industry Management, Vol. 5, No. 8, 1997, pp. 414 – 434.

前被最广泛应用，具体模型如图 2 - 2 所示。该理论认为：顾客的满意判断来自于事前期望和实际绩效的差异，如果实际绩效大于期望值，则顾客感到满意；反之，若实际绩效小于期望值，则顾客感到不满意①。

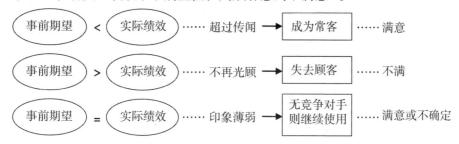

图 2 - 2　期望差异模型

资料来源：Oliver R L. A cognitive model of the antecedents and consequences of satisfaction decisions［J］. Journal of Marketing Research, 1980, 17（4）：460 - 469.

（二）愿望满足 - 期望一致模型

1996 年，美国营销学者 Spreng、Scott 及 Olshavsky 认为 Oliver 提出的期望和实绩相比较形成满意的观点不全面，在 Westbrook 提出的"顾客需要满足程度模型"（因研究方法缺陷导致假设没有被支持）基础上，将期望、愿望对顾客满意的作用结合，提出愿望满足 - 期望一致模型②，认为总体满意的形成是通过愿望一致、期望一致、属性满意、信息满意四方面作用传递③。

（三）情感模型

在不断探索中，很多学者发现顾客消费过程中除了对产品和服务的感知会影响满意度外，消费情感也会对满意度产生显著影响，Oliver 在不断完善顾客满意度研究的基础上于 2000 年提出"情感模型"④，如图 2 - 3 所示。与 1980 年的期望差异理论相比，Oliver 认为不仅期望实绩差异影响满意度，而且整体情感以及其他比较结果都会对顾客满意度产生影响 ⑤，这个满意度理论模型对体验价值中情感体验研究也很有借鉴意义。

---

① 姜立利：《期望价值理论的研究进展》，上海教育科研 2003 年第 2 期，第 33 - 35 页。

② Richard, Scott, Richard. "A reexamination of the determinants of consumer satisfaction," Journal of Marketing, Vol. 6, No. 60, 1996, pp. 15 - 32.

③ Cardozo, Richard N. "A Experimental Study of Consumer Effort," Journal of Marketing Research, Vol. 8 , 1965, pp. 42 - 43.

④ Oliver Richard L. Customer satisfaction with service, CA: Sage Publications, 2000, p. 251.

⑤ 崔迅：《顾客价值链与顾客满意》，经济管理出版社 2004 年版，第 4 页。

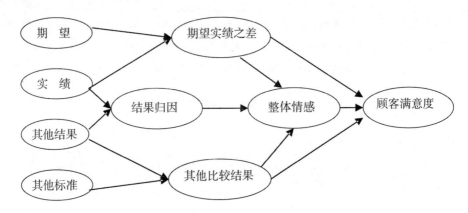

图 2 – 3　情感模型

资料来源：Oliver Richard L. Customer Satisfaction with Service ［M］. CA：Sage Publications，2000：251.

（四）美国顾客满意度指数体系（ACSI）

Fornell 和 Anderson 博士 1989 年提出由顾客期望、感知质量、感知价值、顾客满意、顾客抱怨及顾客忠诚 6 个变量组成的顾客满意度指数模型，在此基础上于 1994 年形成迄今为止影响力最大的美国顾客满意度指数体系（AC-SI)[①]，如图 2 – 4 所示。与此模型构成相似，只对有些指标进行了必要改造，瑞典、韩国、中国等国家也都建立了适合本国国情的顾客满意度指数体系（SCSB、KCSI、CCSI）。

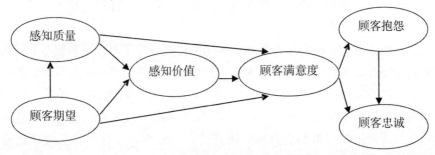

图 2 – 4 美国顾客满意度指数体系（ACSI）

资料来源：Claes Fornell. Michael D Johnson. Eugene W Anderson et al. The American Customer Satisfaction Index：Nature，Purposes，and Findings ［J］. Journal of Markteting，1996（6）：7 – 18.

除了上述模型外，还有很多学者从不同视角研究顾客满意度，如 Parsuraman、Zeithaml 及 Berry 三人 1988 年提出 SERVQUAL 模型、日本学者 NORITA-

---

① Claes Fornell, Michael D Johnson, Eugene W Anderson et al. "The American customer Satisfaction Index：Nature, Purposes, and Findings," Journal of Markteting, Vol. 6. 1996, pp. 7 – 18.

KI KNAO 提出 KNAO 模型等，在此不一一列述。

借鉴 Oliver 等学者对顾客满意的界定，本研究定义游客满意度为旅游期望与实际体验感知比较被满足的程度。从上述顾客满意的相关理论研究中获知，顾客满意的影响因素有期望、实绩、质量、顾客价值及情感等，顾客满意的影响结果有顾客抱怨和顾客忠诚等，顾客满意在传统行业大量的实证研究中已作为顾客价值与顾客忠诚的重要中介变量被验证和认可。

本研究中体验价值的概念与先前研究相比范围扩大，涵盖了顾客满意的多数前因变量。行为意向是指消费者在消费后对于产品或企业所可能采取特定活动或行为倾向，是衡量消费者未来行为的准确指标。由于重购等实际行为忠诚不易观察和测量，所以顾客忠诚问题多采用行为意向这一变量进行研究。Lee、Gallarza 及 Bojanic 等学者都曾在旅游研究中引入过游客满意度作为体验价值与行为意向之间的中介变量。

综合上述理论与分析，本研究借鉴顾客满意在顾客价值与顾客忠诚之间重要的中介地位，引入游客满意度作为体验价值与行为意向之间的中介变量，探讨体验价值对游客满意度及行为意向的作用机制。

三、需要层次理论

美国社会心理学家 Maslow 在 1943 年发表的《人类动机的理论》（A Theory of Human Motivation Psychological Review）一书中提出了需要层次理论（Hierarchy of needs theory）。他对人的需要进行了归纳和分析，将其划分为生理的需要、安全的需要、归属和爱的需要、尊重的需要和自我实现的需要五个层次，这五个层次由低层向高层逐渐发展，呈现出金字塔结构①，如图 2 - 5 所示：

生理需要（Physiological needs）是指维持人们体内生理平衡的需要，这类需求的级别最低，人们在转向较高层次的需求之前，总是尽力满足这类需求；安全需要（Safety needs）是对安全感、稳定感、次序等的需要，归属和爱的需要（Love or belongingness needs）是希望被人关心和爱护、找到归属感，包括对友谊、爱情以及隶属关系的需求，当生理需求和安全需求得到满足后，归属和爱的需求就会突出出来，进而产生激励作用；尊重需要（Esteem needs）就是对自尊、威信、地位等的需要，既包括对成就或自我价值的个人感觉，也

---

① 马斯洛；许金声（译）：《动机与人格》，北京：中国人民大学出版社 2007 年第三版，第 75 页。

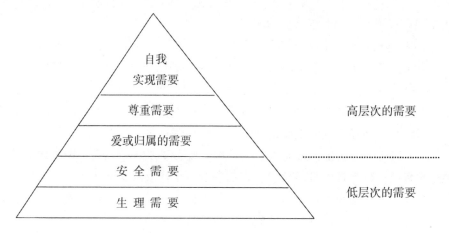

图 2 - 5 需要层次理论

资料来源：马斯洛. 许金声（译）. 动机与人格（第三版）［M］. 北京：中国人民大学出版社，2007.

包括他人对自己的认可与尊重；自我实现的需要（Self - actualization）是指实现个人理想、抱负、实现自身价值、发挥个人潜能的需要①。这五种需要按上述顺序依次满足并归纳为两大层次：基本需求和发展需求，其中生理需要和安全需要属于低层次的基本需求，归属和爱的需要、尊重的需要和自我实现的需要属于高层次的发展需求。Maslow 在晚期时又提出的一个理论，即超自我实现（Over Actualization），这是在人自我实现的创造性过程中，产生出一种所谓的"高峰体验（Peak experience）"的情感，是人存在的最完美、最和谐的状态②。

需要层次理论认为，需要产生过程是动态的、逐步的、有因果关系的，需要的实现有一定的层序演化关系：当低层次的需求得到基本满足后，人才会去追求更高层次的需求③。低层次的需要基本得到满足以后，它的激励作用就会降低，其优势地位将不再保持下去，高层次的需要会取代它成为推动行为的主要原因，高层次的需要比低层次的需要具有更大的价值④。

Maslow 的需要层次理论在一定程度上反映了人类行为和心理活动的共同规律，是解释动机的重要理论，虽然后来的学者们对有些观点进行过批评，但

---

① Richard, Scott, Richard. "A reexamination of the determinants of consumer satisfaction, " Journal of Marketing, Vol. 6, No. 60, 1996, pp. 15 - 32.

② 同上。

③ 同上。

④ 同上。

需要层次理论已被证实是具有生命力的，在管理学研究中也被广泛应用。企业在开发设计产品时既应重视与低层次需求相联系的产品核心价值，又应重视与高层次需求相联系的产品附加价值，创造出产品差异①。Pearce 将 Maslow 的需要层次理论正式应用于旅游体验研究，提出旅游动机来自于放松、刺激、关系、自尊与发展、自我实现五种需要②；Rayen 对旅游需要进行了重新归纳，包括智力、社会、能力及规避刺激需要③；Shuai Quan 和 Ning Wang 依据需要层次理论的"高峰体验"观点将旅游体验分为支撑性体验和高峰体验两维度，支撑性体验来自基础消费，高峰体验来自旅游吸引物，支撑性体验是基础保障，高峰体验是感知优劣的关键④；李建州、范秀成提出服务体验包含功能体验、情感体验和社会体验三类，这种分类体现出了体验的层次性⑤。

受需要层次理论和学者们现有研究的启发，作者思考：在体验价值维度中也存在从基础感知到情感认知的不同维度层次，依据需要层次理论：低层次的需要得到基本满足后才会产生高层次的需要，而且高层次的需要会成为推动行为的主要原因而具有更大的价值，那么在体验价值对游客满意度及行为意向的影响过程中，是否也存在低层次体验价值对高层次体验价值的作用？高层次体验价值是否是产生影响的更主要推力？这个问题对更有效提升体验价值具有重要的指导意义。

本研究将此理论作为探讨体验价值维度间关系的依据之一，尝试分析体验价值内部的层次作用关系。

四、认知评价理论

认知评价理论（Cognitive evaluation theory；CET）是 Deci 和 Ryan1975 年提出关于外在感知因素如何对内在动机产生影响的理论，又称自我决定理

---

① Herbert L. Petri John M. Govern. 郭本禹等译：《动机心理学》，陕西师范大学出版社 2005 年版，第 210 页。

② 杨婧：《自然资本视角下旅游体验价值评估研究［硕士学位论文］》，广州：暨南大学 2008 年。

③ Michael Gross, Graham Brown. "Tourism experiences in a lifestyle destination setting ," Journal of Business Research, No. 59, 2006, pp. 696 – 700.

④ Shuai Quan, Nine Wang. "Towards a structural model of the tourist experience: an illustration from food experiences in tourism," Tourism Management, Vol. 3, No. 25, 2004, pp. 297 – 305.

⑤ Lapierre, J. "Customer – perceived value in industrial contexts," Journal of business and Industrial marketing, No. 15, 2000, pp. 122 – 140.

论①。基本观点认为个体具有发展能力和自我决定的需要，当外部因素条件得到满足会促进个体自主知觉和发展能力增强，进而激发内在动机；反之，若外部因素条件没有得到满足，自我发展能力没有提高，内在动机也不会被激发②。认知评价理论提出了"内在激励"的概念，意指是指人对客观事件、事物的心理评价是支持行为或控制行为的关键，若过分强调外在的激励因素会导致内在激励因素的萎缩。Lepper 和 Nisbett 等学者也对此理论进行过验证。认知评价理论现已广泛应用于解释和验证外部动机和内部动机在不同情境下对行为的影响机制。

鉴于认知评价理论的分析，作者思考：体验价值构成中包括对客观条件的评价和主观感受的评价，分别对应体现为外在价值和内在价值，那在体验价值对游客满意度及行为意向的影响过程中，是否也存在认知评价理论所提出的外在价值会激发内在价值？内在价值对行为结果的影响更为关键？

这些问题的探索同样要通过体验价值的层次作用关系研究。因此，本研究将认知评价理论作为探讨体验价值维度间关系的另一依据，在体验价值、游客满意度及行为意向的结构方程模型中，尝试提出体验价值内部的层次作用关系并进行验证。

第三节　本章小结

本章主要回顾了体验价值、游客满意度、行为意向及环城游憩的研究进展，并介绍了研究的相关理论基础：期望价值理论、顾客满意理论、需要层次理论及认知评价理论。通过文献阅读与梳理，发现现有相关研究存在的问题有：体验价值维度划分还没有统一认识，还需在不同行业背景下继续探索体验价值结构体系；体验价值内部的层次作用关系值得探讨；体验价值对顾客满意度、行为意向等方面的影响机制分析还需深入，尤其是体验性很强的旅游业，这些问题的分析是开发管理中急需借鉴的理论；对于环城游憩的研究，目前多采用地理学理论和方法研究空间形态，还需从管理学角度对游客行为深入研究。

---

① Deci, Ryan. Intrinsic motivation and self – determination in human behavior , New York: Plenum Press, 1985, p. 89.

② 马斯洛：许金声（译）：《动机与人格》，北京：中国人民大学出版社 2007 年第三版，第 75 页。

这些问题正是本研究所要着力解决之处，在随后的几章中，作者将基于相关理论基础，构建环城游憩体验价值结构体系，尝试探寻体验价值内部的层次作用关系，揭示体验价值与游客满意度及行为意向的作用机制，并探寻不同消费类型的体验价值差异。

第三章

怎样测量环城游憩的体验价值

第一节　构建体系的研究思路与分析方法

在第二章体验价值理论综述中分析了目前学者们基于不同的研究对象提出了各种体验价值维度结构，这也是体验价值研究的焦点。虽然至今对体验价值维度划分没有统一观点，但针对不同行业的各种尝试和实证研究都从不同程度上推进了体验价值的理论发展，也为后来的研究者提供借鉴。本研究将基于文献分析和深度访谈内容，开发环城游憩体验价值量表，构建体验价值结构体系，为研究体验价值与游客满意度及行为意向关系奠定理论基础。

一、构建体系的研究思路

本研究对体验价值结构体系的构建既借鉴文献综述部分所回顾的 Babin 等学者的体验价值"二分法"观点，又吸收 Sheth 和 Cross 等学者的"多维分法"优点，兼取两种方法之长：为准确把握环城游憩体验价值结构体系，事先不划分维度，在全面提炼相关指标的基础上设计问卷进行调查，采用探索性因子分析提取维度，借鉴"多维度"观点进行维度命名，再根据不同维度内容的性质借鉴"二分法"观点进行属性划分。这种构建法目前还少有学者尝试，但作者认为这种划分既从范围上全面考虑了体验价值的构成，又从属性上进一步明确，既可以全面把握体验价值内容，又为进一步探索体验价值内部的层次作用关系奠定基础。

具体研究思路如图 3 - 1 所示：首先对环城游憩游客消费心理特征进行分析，把握游客的体验价值取向；再对环城游憩游客进行深度访谈；然后在文献分析基础上结合访谈内容全面提炼环城游憩体验价值测量指标，经过预测修正后形成正式问卷；针对环城游憩游客进行体验价值问卷调查，对数据进行信度检验及探索性因子分析；最后依据数据结果确定各维度量表并构建环城游憩体验价值结构体系。

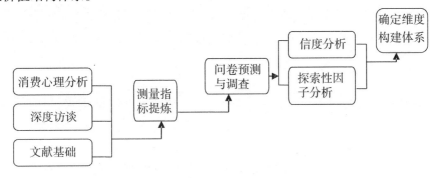

图3-1 环城游憩体验价值结构体系研究思路图

二、分析方法

（一）探索性因子分析（Exploratory factor analysis）

研究者在分析之前并未对数据的因子结构有任何预期与立场，而藉由统计数据分析因子结构，分析策略带有浓厚的尝试错误的意味，因此称为探索性因子分析（Exploratory factor analysis；EFA）[1]。EFA目的是从一堆杂乱无章的数据里找出共同的属性，将错综复杂的具有内在相关性的变量归结为独立的仍反映原有全部信息的几个综合因子，从而化繁为简。对EFA而言，测量变量的理论架构是因子分析的产物，因子结构是从一组独立的测量指标或题目间，以数学程序与研究者的主观判断所决定的一个具有计量合理性与理论适切性的结构，并以该结构代表所测量的概念内容[2]。EFA中理论架构的出现是一个事后（Posterior）的概念。

因子分析也是检验效度的有效方法，进行因子分析首先要通过 Kaiser - Meyer - Olkin（KMO）统计量进行样本充足性检验以判断是否可以进行因子分析，KMO统计量的标准为：KMO > 0.9，效果极佳；KMO > 0.8，效果很好；KMO > 0.7，效果尚可；KMO > 0.6，效果接受；KMO < 0.6，则表示因子矩阵结构清楚不存在交叉项，不能使用。再要通过 Bartlett's 球形检验以判断各变量是否各自独立，通常要求 Bartlett's 球形检验 p < 0.05，达到显著性水平，说明

---

① 邱皓政，林碧芳：《结构方程模型的原理与应用》，北京：中国轻工业出版社2009年版，第92页。

② 杨婧：《自然资本视角下旅游体验价值评估研究［硕士学位论文］》，广州：暨南大学2008年。

可以进行因子分析。在判断可以进行因子分析后，采用方差最大化正交旋转（Varimax），将特征值大于 1 作为因子提取标准，同时满足提取指标的因子载荷（Factor loading）值大于 0.5（表示指标与该因子显著相关），在两个因子上的载荷都大于 0.5 的指标也要删掉。此外，累积解释方差的比例要大于 50%。

（二）信度分析

测量的信度指测量结果的稳定性或一致性，信度测量指标包括稳定性（Stability）、等值性（Equivalence）和内部一致性（Internal consistency），内部一致性指标在问卷法观测数据中常用，是指测量同一个概念的各子问题之间的一致性，可采用 Cronbach's 系数和组合信度（验证性因子分析）两种方法进行检验①。本章采用 Cronbach's 值和分项对总项的相关系数（Corrected item - total correlation，CITC）作为信度分析的指标。对于 Cronbach's 值标准，Wortzel 认为 Cronbach' 值在 0.7 至 0.98 之间都具有高信度，李怀祖认为一般应大于 0.70②；吴明隆认为 Cronbach' 值在 0.8 - 0.9 之间最好、0.7 至 0.8 为佳、0.6 至 0.7 之间接受，即大于 0.6 即可③。本研究采用 Cronbach' 值大于 0.7 的标准。相关系数 CITC 取常用大于 0.4 的判断标准，一般 CTIT 偏低就可以结合因子载荷判断是否可以删除。

第二节　设计测量指标的依据

一、环城游憩游客消费心理特征

要对环城游憩体验价值结构体系进行研究，首先应对环城游憩游客消费心理进行分析，以准确把握其体验价值追求。

（一）远离喧嚣、放松心情

与进行远距离观光的目的不同，人们选择环城游憩的初衷不是为了饱览名山大川，而是为了短暂的改变环境，远离城市的喧嚣，给心灵片刻的宁静。城市的快速发展使得人们的工作节奏更快，竞争压力也日益增大，人口不断向城

---

① 卢纹岱：《SPSS for Windows 统计分析》，北京：电子工业出版社 2006 年第三版，第 166 - 168 页。

② 李怀祖：《管理研究方法论》，西安：西安交通大学出版社 2004 年第二版，第 238 - 239 页。

③ 吴明隆：《SPSS 操作与应用—问卷统计分析实务》，台中：五南图书出版公司 2008 年版，第 291 页。

市的集聚带来城市建筑密度也更大，人的本性呼唤回归自然、放松心情。游憩作为城市的重要功能之一，虽然城市里也有很多公园和街心广场，但是人们更希望能离开常住地，在空气清新、景色优美的地方享受田园野趣。环城游憩地宛如城市的后花园，承载着人们忙里偷闲、出游放松的作用，喝喝茶、钓钓鱼、看看山、发发呆也是一种享受方式，游憩地的清净氛围是实现这种意境的基础①。

（二）倾向互动性、参与性项目

没有奇山异水和旷世珍宝的震撼，在资源条件相对比较平淡的环城游憩地停留会令很多人感觉有些兴致缺乏，这也是目前游客满意度不高的缘由之一。这种心理也是人之常情，环城游憩中的互动性、参与性项目很受游客青睐，如瓜果采摘、挖红薯、磨豆腐等农家乐项目，以及拓展训练、打 CS、滑草、水上游乐项目等。在参与活动的体验中，人们会全身投入、享受孩提时代单纯的快乐，对于孩子，还可以增长见识、认识生活。在体验经济背景下，环城游憩中别具特色多样化的互动性、参与性项目的打造会更受游客欢迎。

（三）追求高品质的情感体验

游客旅游阅历的增长使他们不仅注重旅游产品的功能，而且开始追求高品质的情感体验。工作人员的服务态度、配套设施的人性化设计、旅游项目的个性化选择等都会影响到游客体验的舒适感和满足感。环城游憩游客希望有自在、悠闲、惬意的休闲氛围，希望能与家人、朋友等同行人在忘我的体验活动中融洽感情，希望有难以忘怀的旅游体验，在旅游中身心都得到享受。这种消费需求在马斯洛的需要层次理论中属于高层次的归属与爱的需要、尊重的需要及自我实现的需要，也是旅游发展中的必然阶段。

（四）寻求经济便捷的心理

虽然人们的出游意识很普及，但目前休假制度中周末双休（2 天）和小长假（3 天）制约了人们经常的长距离旅游。时间、精力及经济成本是环城游憩相对于远距离观光度假旅游的优势所在，特别是随着家用轿车的数量增长，环城游憩自驾游的比例日益提高；同时，很多城市也大力发展周边一日游旅游集散中心，散客出游也更加便捷。人们在有限的休假时间里能以经济便捷的方式感受到旅游的快乐，环城游憩的发展在此背景中也得到很大促进。

---

① 李江敏：《武汉环城游憩地的形成与演变研究［硕士学位论文］》，武汉：湖北大学 2005 年。

二、深度访谈

"访谈"就是研究者事先拟定访谈提纲，通过口头谈话方式自由交谈，从被研究者那里收集第一手资料的方法，这种方式可以了解受访人的心理和行为[1]。深度访谈（Depth interview）是经过训练的采访者以一对一的方式，通过互动式的交谈，针对某一论点对被访者提出一系列探究性的问题以获得对方看法的方法，以使研究方案更加切合实际[2]。为了更清楚的掌握游客对环城游憩体验价值的感知和取向，为体验价值测量指标的确定奠定基础，本研究采取深度访谈的方式与16名环城游憩游客进行了交流。深度访谈过程包括了访谈前的大纲准备、访谈中的内容记录及访谈后的信息整理。

（一）访谈对象及方法

作者和同学在访谈前统一明确了目的，对引导游客讲话的沟通方式做了简单培训，2010年11月7日在武汉环城游憩地张公山寨对16名游客进行了访谈。选择张公山寨的原因是：11月左右最有吸引力的环城游憩活动是采摘游，张公山寨作为武汉近郊的游憩地，橘子洲是非常有名的乡村旅游采摘地，这里还有水域面积2万亩的严西湖，水域清澈浩淼，滨水休闲活动丰富，有湖面荡舟、水上探险、高空挑战、团队拓展等，吸引着大量游客，是很有代表性的环城游憩地。

访谈时间选择在下午2点左右，游客大致已经游览完景点，饭后处于休息间隙，态度比较配合。共选择了6名年轻人、6名中年人和4名老年人，其中男女游客各8名，采用一对一形式进行访谈，对每位被访者都事先讲明访谈目的以征得同意，并赠送每人一支笔和一副扑克牌做纪念品，被访游客都非常配合。访谈地点选择在景区相对安静的地方，保证了访谈过程不受干扰。

（二）访谈内容

访谈时首先向游客解释了环城游憩通俗的含义：指居民在城市郊区及周边地区进行的休闲、度假、游乐等短途旅游活动，具体包括：郊野爬山、农家乐、采摘游、滨水休闲、户外拓展、泡温泉、主题公园游乐、人文生态观光等。特别强调，访谈中对方所谈环城游憩的相关体验感受不局限于本次张公山

---

① 陈向明：《质的研究方法与社会科学研究》，教育科学出版社2004年版，第165页。

② Alvin C. Burns, Ronald F. Bush. 梅清豪等译：《营销调研》，中国人民大学出版社2001年第二版，第195页。

寨之行，只要符合环城游憩范畴的游历都可以。

为了使访谈有效进行，作者在访谈前围绕调研内容拟定了一份开放式的访谈提纲，除了个人相关信息外，访谈内容主要涉及以下 9 个问题：

1. 您倾向于选择哪类景点进行环城游憩？
2. 您进行环城游憩的主要原因是：
3. 您会选择什么时间进行环城游憩？
4. 如果进行环城游憩，您有可能停留几天？
5. 您认为哪些因素会影响环城游憩体验感受？
6. 您喜欢的环城游憩项目是什么？
7. 您期待环城游憩给您什么样的感受？
8. 您对所参与的环城游憩满意吗？如果不满意，是什么原因？
9. 如果您对体验的环城游憩很满意，会重游吗？会推荐给其他朋友吗？为什么？

鉴于游客可能会对体验价值一词感觉陌生，本研究中对体验价值的定义为消费者在体验产品和服务全过程中所获得的整体感觉和总体评价，故在访谈措辞中采用体验感受。

（三）访谈信息的分析与整理

受访者根据各自感受到过的环城游憩经历，自由交谈了切身的体会，所有访谈都进行顺利。访谈之后作者对记录信息进行了梳理和归纳，主要内容如下：受访者倾向的游憩地类型有森林山地、湖滨度假区、主题公园、户外拓展、农家乐、温泉度假区等；出游原因有休闲度假、教育孩子、丰富生活、朋友聚会等；出游时间多为周末、小长假、黄金周；停留时间多为当天或两日。对体验过的环城游憩满意度感知多为一般，只有 4 位说很满意，有 1 位表示不满意，满意的原因主要是觉得游憩地有特色，不满意的原因提出是感觉很乏味。关于重游及推荐问题，感觉很满意者都表示会重游和推荐，感觉一般者多数表示可能不会重游，但可能会推荐，两位不满意者表示不会重游和推荐。关于环城游憩体验感受的其他访谈信息整理如下表 3 - 1 所示：

表 3 – 1　深度访谈内容整理

访谈对象	影响环城游憩体验感受的因素	喜欢的环城游憩项目	期待的环城游憩感受
访谈对象 1	项目特色；环境氛围；交通；服务态度	野外烧烤；农家乐	放松心情；快乐
访谈对象 2	交通便利性；服务质量；景色；介绍片与实际不符	爬山；钓鱼；摘瓜果	感受大自然；放松
访谈对象 3	活动的参与性；趣味性；安全；照顾孩子的设施	登山；拓展训练	便利；忘我；有点挑战
访谈对象 4	卫生、安全；划算；设施不够；拥挤	参与性活动	轻松；闲适；
访谈对象 5	交通快捷；配套完善；儿童乐园；环境卫生；排队太长	游泳；爬山；采摘	舒适；快乐；难忘
访谈对象 6	安全；活动有意义；学到知识；了解文化	挖红薯、做游戏、听精彩讲解	悠闲；快乐；孩子有收获
访谈对象 7	价格合理；活动丰富；服务质量；配套设施	游山玩水；看名胜古迹	舒心；忘却烦恼
访谈对象 8	餐饮特色；讲解内容；游客素质；服务态度	吃农家饭；看歌舞表演	轻松；新鲜
访谈对象 9	活动的刺激性；安全；游客拥挤；管理不科学；配套设施不够	漂流；滑雪	刺激；难忘
访谈对象 10	费用；景色；项目设计；便捷的交通	戏水；骑自行车；打豆腐	开心、有收获
访谈对象 11	旅游特色；安排的丰富性；环境开阔；服务效率高；餐饮住宿条件好	CS 游戏；拓展训练	忘却烦恼；开心快乐
访谈对象 12	景观优美；环境协调；安排合理；活动有趣	爬山；游湖；摘桔子	物有所值
访谈对象 13	田园风光；原汁原味；菜肴可口；活动丰富；土特产好	乡村体验；参与式项目	增长见识；回忆从前

续表

访谈对象	影响环城游憩体验感受的因素	喜欢的环城游憩项目	期待的环城游憩感受
访谈对象 14	景观独特；规划合理；游览安排丰富；安全	溶洞游览	了解知识
访谈对象 15	交通方便；卫生；服务人性化；价格合理；设施优质；项目丰富	泡温泉	享受感；舒适感
访谈对象 16	风光；独特性；安全性	滨水休闲运动	放松感、悠闲感

（四）受访者环城游憩体验感受的总体特征

1. 认为影响环城游憩体验感受的主要因素有：交通条件、配套设施、服务管理、景观环境、规划设计、费用价格、餐饮住宿、知识文化、安全卫生、活动乐趣及旅游购物等。

2. 喜欢的环城游憩活动项目主要有：爬山采摘、乡村农家乐、景观欣赏、滨水休闲、运动项目、景观欣赏、拓展训练等，主要体现为参与性、体验性活动项目。

3. 期待的环城游憩感受是：希望在环城游憩中感受到放松、悠闲、快乐、舒适、刺激，能在舒心的游历中忘却烦恼，享受大自然，增长见识、有所收获，物有所值。

4. 对于环城游憩地感觉满意主要是因为有特色，感觉不满意主要是觉得有趣的活动项目太少和乏味。

5. 感觉很满意的受访者都表示会重游和推荐，感觉不满意者表示不会重游和推荐。

三、文献基础

为保证问卷设计的科学性和合理性，Gremler、Ping 等学者们都提出量表的各项可行性指标都应通过深度访谈与文献基础来设计，前面已对游客进行了深度访谈并就内容作了归纳整理，下面对体验价值维度及相关指标研究的文献也做进一步整理。

（一）文献基础

1. 体验价值维度构成研究

在第二章文献综述部分已对学者们在体验价值维度研究方面代表性成果进行了详细回顾，在此将维度划分进一步清晰提炼整理。

从初期学者们提出顾客感知价值到近期体验价值概念提出，对顾客价值研究逐渐转移到从消费者视角，以顾客感知作为研究体验价值维度构成的出发点。目前针对不同研究对象提出的体验价值维度主要有两种：一种是以 Babin 等学者为代表的"二分法"，将体验价值划分为"功利主义价值——享乐主义价值"或"功能价值——情绪价值"（Utilitarian benefit——hedonic benefit）[1]，Holbrook 等学者也称其为"外在价值——内在价值"（Extrinsic value——intrinsic value）[2]，这种划分虽属性界定明确但范围大指标不易测量；另一种是以 Sheth 和 Cross 等学者为代表的"多维分法"，这种划分方式全面细致，得到现在学者们的广泛采用，所提出的维度以 Sheth 提出的五维度[3]：功能性价值、社会性价值、情感性价值、认知性价值及情境性价值为基础，除这五个主要维度之外，Lai，Williams，Soutar，Mathwick，Michie，张凤超等学者针对不同行业提出体验价值维度构成还有：投资价值、质量价值、象征性利益、心理价值、快乐性价值、整体价值等（具体参看 2.2.1 部分）。

2. 各维度指标研究

关于体验价值各维度的测量指标，学者们针对不同的研究对象也进行了探讨，归纳如下：

（1）功能性价值指标

Sheth，Babin，Sweeney，Carlos，Javier，Jooyeon，Christina，Vesna，张凤超、徐伟、景奉杰等学者提出的功能性价值指标有服务质量、服务效率、产品特性、丰富实用、耐用度、可靠度、设施条件、卫生整洁安全、便利性、规划布

① 燕纪胜：《BZC 模式下的顾客价值构成维度研究［硕士学位论文］》，威海：山东大学 2008 年。
② 查金祥：《B2C 电子商务顾客价值与顾客忠诚度的关系研究［博士学位论文］》，杭州：浙江大学 2006 年。
③ Ruyter de，K. Wetzels，M. Lemmink，J. Mattsson，J. "The dynamics of the service delivery process： A value - based approach," International Journal of Reasearch in Marketing, Vol. 3, No. 14, 1997, pp. 231 - 243.

局、食宿条件、信息质量、基本功能等①②③④⑤⑥⑦⑧⑨⑩。

（2）情感性价值指标

Holbrook，Babin，Crdric His - Jui，Mathwick，范秀成、张凤超等学者提出的情感性价值指标有快乐感、逃避感、舒适感、趣味性、放松感、亲切感、新鲜感、兴奋感、吸引性、悠闲感、融入感、震撼感、享受感、激动感、怀旧感、满意感等⑪⑫⑬⑭⑮⑯。

---

① Ruyter de, K. Wetzels, M. Lemmink, J. Mattsson, J. "The dynamics of the service delivery process: A value - based approach," International Journal of Reasearch in Marketing, Vol. 3, No. 14, 1997, pp. 231 - 243.
② 燕纪胜：《BZC 模式下的顾客价值构成维度研究［硕士学位论文]》，威海：山东大学 2008 年。
③ Sheth, Cross. "Why we buy what we buy: A theory of consumption values," Journal of Business Reasearch, Vol. 2, No. 22, 1991, pp. 159 - 170.
④ Carlos, Roig, Javier Sanchez Garcia. "Customer perceived value in banking services," International Journal of Bank Marketiing, No. 24, 2006, pp. 127 - 132.
⑤ Javier, Callarisa. "Perceived value of the purchase of a tourism product," Tourism management, No. 27, 2006, pp. 394 - 409.
⑥ Jooyeon. SooCheong Jang. "Perceived values, satisfaction, and behavioral intentions: The role of familiarity in Korean restaurants," International Journal of Hospitality Management, No. 29, 2010, pp. 2 - 13.
⑦ Christina Geng - Qing Chi. "Examining the structural relationships of destination image, tourist satisfaction and destination loyalty," Tourism Management, No. 29, 2008, pp. 624 - 636.
⑧ Vesna, Maja. "Modelling perceived quality, visitor satisfaction and behavioural intentions at the destination level," Tourism Management, No. 31, 2010, pp. 537 - 546.
⑨ Petrick, J. F, Bachman, S. J. "An examination of the determinants of golf travelers' satisfaction," Journal of Travel Research, Vol. 3, No. 40, 2002, pp. 252 - 258.
⑩ 宋春红，苏敬勤：《服务质量、顾客价值及顾客满意对顾客忠诚影响的实证检验》，统计与决策 2008 年第 19 期，第 182 - 184 页。
⑪ Mano, H, Richard L. "Assessing the dimensionality and structure of the consumption experience: Evaluation, feeling and satisfaction," Journal of Consumer Research, No. 20, 1993, pp. 451 - 466.
⑫ 燕纪胜：《BZC 模式下的顾客价值构成维度研究［硕士学位论文]》，威海：山东大学 2008 年。
⑬ 谢彦君：《旅游体验研究》，北京：中国旅游出版社 2010 年版，第 1 页。
⑭ Sweeney, Soutar. "Consumer perceived vale: The development of a multiple item scale," Journal of Retailing, Vol. 2, No. 77, 2001, pp. 203 - 220.
⑮ Petrick, J. F, Bachman, S. J. "An examination of the determinants of golf travelers' satisfaction," Journal of Travel Research, Vol. 3, No. 40, 2002, pp. 252 - 258.
⑯ Cedric Hsi - Jui Wu, Rong - Da Liang. "Effect of experiential value on customer satisfaction with service encounters in luxury - hotel restaurants," International Journal of Hospitality Management, No. 28, 2009, pp. 586 - 593.

（3）情境性价值指标

Sheth，Creusen，Lai，Crdric His‒Jui，Vesna，张成杰、张凤超等学者提出的情境性价值指标有情境压力、环境优雅、氛围吸引力、态度友好、个性标志、主题体验、感官享受等①②③④⑤。

（4）认知性价值指标

Sheth，Cross，Lai，Yooshik，Williams，孟庆良、张凤超等学者提出的认知性价值指标有知识获取、技术掌握、增长见识、体验不同生活方式、受教育、感受文化、调动求知欲等⑥⑦⑧⑨⑩。

（5）经济性价值指标

Kotler 在顾客让渡价值理论中提出总顾客成本货币成本、时间成本、精神成本和体力成本；Mathwick，Hanny，Joe，Teoman Dumana，Choong‒Ki Lee，张荣等学者提出的经济性价值指标有花费合理、价格公正、经济性、省时省力、

① Hou Lun, Tang Xiaowo. "Gap model for dual customer values," Tsinghua Science and Technology, No. 6, 2008, pp. 395‒399.

② Singh J. "Voice, exit, and negative word of mouth behaviors: An investigation across three service categories," Journal of the Academy of Marketing Science, Vol. 1, No. 18, 1990, pp. 1‒15.

③ Creusen, Schoormans. "The different roles of product appearance in consumer choice," Journal of Product Innovation Management, No. 22, 2005, pp. 63‒81.

④ Mano, H, Richard L. "Assessing the dimensionality and structure of the consumption experience: Evaluation, feeling and satisfaction," Journal of Consumer Research, No. 20, 1993, pp. 451‒466

⑤ Ruyter de, K. Wetzels, M. Lemmink, J. Mattsson, J. "The dynamics of the service delivery process: A value‒based approach," International Journal of Reasearch in Marketing, Vol. 3, No. 14, 1997, pp. 231‒243.

⑥ Ruyter de, K. Wetzels, M. Lemmink, J. Mattsson, J. "The dynamics of the service delivery process: A value‒based approach," International Journal of Reasearch in Marketing, Vol. 3, No. 14, 1997, pp. 231‒243.

⑦ 谢彦君：《旅游体验研究》，北京：中国旅游出版社 2010 年版，第 1 页。

⑧ Sanchez, Callarisa, Rodriguez. "Perceived value of the purchase of a tourism product," Tourism Management, No. 27, 2006, pp. 394‒409.

⑨ 王锡秋：《顾客价值及其评估方法研究》，南开管理评论 2005 年第 5 期，第 31‒35 页。

⑩ Yooshik Yoon, Muzaffer Uysal. "An examination of the effects of motivation and satisfaction on destination loyalty," Tourism Management, No. 26, 2006, pp. 45‒56.

物有所值等①②③④⑤⑥⑦。

（6）社会性价值指标

Sheth，Lai，Javier，Sanchez et al，Duk – Byeong Park，李建州、张凤超等学者提出的社会性价值指标有群体认同、社会地位显示、成就感、认同感、品牌形象、社会关系、美好回忆等⑧⑨⑩⑪。

（7）心理性价值指标

Park，Michie，王锡秋等学者提出的心理性价值指标有自我认同、标志象征、群体认可等⑫⑬。

以上是对现有文献中体验价值维度及相应指标构成的归纳整理，以期为环城游憩体验价值量表指标设计提供理论基础。

第三节　问卷设计

本部分研究针对环城游憩游客体验价值进行问卷调查，旨在通过数据分析

① 谢彦君：《旅游体验研究》，北京：中国旅游出版社2010年版，第1页。

② Hou Lun，Tang Xiaowo. "Gap model for dual customer values，" Tsinghua Science and Technology，No. 6，2008，pp. 395 – 399.

③ Hanny，Nasution. "Customer value in the hotel industry：What managers believe they deliver and what customer experience，" International Journal of Hospitality Management，No. 27，2008，pp. 204 – 213.

④ Joe Hutchinson，Fujun Lai. "Understanding the relationships of quality，value，equity，satisfaction and behavioral intentions among golf travelers，" Tourism Management，No. 30，2009，pp. 298 – 308.

⑤ Teoman Dumana，Anna S. Mattila. "The role of affective factors on perceived cruise vacation value，" Tourism Management，No. 6，2005，pp. 311 – 323.

⑥ Choong – Ki Lee. "Investigating the relationships among perceived value，satisfaction，and recommendations，" Tourism Management，No. 28，2007，pp. 204 – 214.

⑦ 陈宥任：《熊正德等. 顾客体验价值研究》，金融经济2009年第2期，第85 – 86页。

⑧ 李江敏：《武汉环城游憩地的形成与演变研究［硕士学位论文］》，武汉：湖北大学2005年。

⑨ Holbrook Morris，Kuwahara Takeo，"Probing explorations，deep displays，virtual reality，and profound insights：The four faces of strereographic three – dimensional images in marketing and consumer research，" Advances in Consumer Research，No. 26，1999，pp. 240 – 250.

⑩ Lapierre，J. "Customer – perceived value in industrial contexts，" Journal of business and Industrial marketing，No. 15，2000，pp. 122 – 140.

⑪ 王锡秋：《顾客价值及其评估方法研究》，南开管理评论2005年第5期，第31 – 35页。

⑫ Duk – Byeong Park，Yoo – Shik Yoon. "Segmentation by motivation in rural tourism：A Korean case study，" Tourism Management，No. 30，2009，pp. 99 – 108.

⑬ 孟庆良，韩玉启：《顾客价值驱动的CRM战略研究》，价值工程2006年第4期，第49 – 52页。

确定环城游憩体验价值维度，具体的问卷设计步骤为：量表题项设计——征求相关专家意见——形成初始问卷——问卷预测试——确定最终问卷。

一、量表题项设计

在深度访谈和文献基础上，结合环城游憩消费心理特征，初步形成以下22个题项，在顺序设置上，为保证问卷调查及数据分析的科学性，不给游客类别暗示，特把题项随意无序排列，具体设计如表3－2所示：

表3－2　环城游憩体验价值量表题项设计

题号	题项	操作问项	来源
Q1	景观感受	游憩地的景色优美怡人	Lai（1995）；Crdric His－Jui（2009）；徐伟，景奉杰（2008）；深度访谈
Q2	规划设计	游憩地的规划设计合理	Vesna（2010）；Jooyeon（2010）；深度访谈
Q3	主题特色	游憩地的主题特色鲜明有吸引力	Vesna（2010）；张成杰（2006）；深度访谈
Q4	技能了解	参与游憩体验让我了解了不熟悉的知识和技能	Sheth（1991）；Lai（1995）；Williams（2000）；孟庆良（2006）；深度访谈
Q5	花费状况	这次环城游憩花费合理	Mathwick（2001）；Teoman（2004）；Joe（2009）；张荣（2010）；深度访谈
Q6	交通状况	游憩地交通便利路况好	Javier（2006）；Christina（2008）；徐伟，景奉杰（2008）；深度访谈
Q7	氛围感受	游憩地的氛围清静和谐	Lai（1995）；Creusen（2005）；Crdric His－Jui（2009）；张凤超（2010）；深度访谈
Q8	文化了解	在游憩中我了解了特色文化	Williams（2000）；Choong－Ki Lee（2007）孟庆良（2006）；深度访谈
Q9	服务态度	游憩地工作人员态度热情友好	Crdric His－Jui（2009）；Vesna（2010）；Hanny（2008）；张凤超（2010）；深度访谈
Q10	新鲜感	游憩体验活动令我感觉很新鲜	Mathwick（2001）；Sanchez et al.（2006）；Crdric（2009）；深度访谈

题号	题项	操作问项	来源
Q11	服务效率	游憩地的服务效率高	Babin（1994）；Sweeney（2001）；Carlos（2006）；徐伟，景奉杰（2008）；深度访谈
Q12	舒适感	在游憩体验过程中我感觉很悠闲舒适	Mathwick（2001）；Yooshik（2005）；张荣（2010）；深度访谈
Q13	出行成本	这次出行时间、交通、精力等成本较低	Kotler（2001）；Mathwick（2001）、Choong - Ki Lee（2007）；深度访谈
Q14	视野开阔	游憩体验活动让我（或孩子）开阔了视野	Yooshik（2005）；Lai（1995）；Williams（2000）；孟庆良（2006）；深度访谈
Q15	美好回忆	这次游憩的美好回忆值得我向朋友津津乐道	Lai（1995）；Williams（2000）；张凤超（2009）；深度访谈 Q
16	配套设施	游憩地的餐宿、购物、通讯等配套设施完善	Sweeney（2001）；Vesna（2010）；Jooyeon（2010）；张成杰（2006）；深度访谈
Q17	安全状况	游憩地治安情况和活动设施很安全	Sheth（2001）；Babin（1994）；Javier（2006）；深度访谈
Q18	遁世感	在游憩体验过程中我忘却了日常琐事和烦恼	Holbrook（1999）；Mathwick（2001）；范秀成（2003）；深度访谈
Q19	感情融洽	这次游憩融洽了我和同行人的感情	Sheth（2001）；Duk - Byeong Park（2009）；李建州（2006）；深度访谈
Q20	互动沟通	在游憩中和他人进行互动沟通令我很受益	Williams（2000）；张凤超（2009）；深度访谈
Q21	快乐感	在游憩体验过程中我感觉很快乐	Crdric（2009）；Mathwick（2001）；范秀成（2003）；深度访谈
Q22	收益感知	这次环城游憩物有所值	Hanny（2008）；Joe（2009）；Choong - Ki Lee（2007）；深度访谈

二、形成初始问卷

在量表指标选择的基础上，基于本部分的研究目的形成了调查的初始问卷，主要内容包括三个部分：

第一部分为所调查的这次环城游憩基本情况，主要了解环城游憩地类型、环城游憩停留的时间、平均每人消费；第二部分为被调查者的个人信息，主要包括性别、年龄、家庭结构、职业、学历及月收入。这两部分都是为了解所调研环城游憩样本的代表性。

第三部分这次环城游憩的实际体验价值感受，基于量表题项内容，采用采用7点 Likert 量表形式进行打分，让被调查者按照1－7对应"非常不同意——非常同意"对题项进行打分，如表3－3所示：

表3－3　量表题项表现形式

非常同意	同意	有点同意	一般	有点不同意	不同意	非常不同意
7	6	5	4	3	2	1

三、问卷预测试与问卷确定

在正式调研之前，为使问卷更加合理有效，作者首先向本校旅游专业三位旅游专家老师征求了意见，他们认为量表题项对环城游憩体验价值的覆盖较为全面、问卷合理。然后在正式调研之前又对初始问卷进行了预测试：作者和同学2010年11月13日在武汉环城游憩地木兰古门景区进行了预测试，在下午3点左右对已基本游览完景区的游客发放问卷进行了调查，共发放70份，回收有效问卷66份，有效问卷率为94.3%。对预测试数据进行探索性因子分析，结果显示：KMO 值为0.710，效果尚可；Bartlett's 球形检验值.000小于0.05达到显著性水平，22个题项提取出5个特征值大于1的因子，因子载荷也都大于0.5。对预测试数据进行信度检验，结果显示：量表总体信度 Cronbach's 值为0.966，大于李怀祖提出的0.7标准要求；提取出5个因子的 Cronbach's 值分别为0.944、0.926、0.920、0.927及0.873，均大于0.80，说明预测提取出的五个因子具有非常好的内部一致性，各题项的总相关系数 CITC 值都在0.6以上，各项指标若删除对 Cronbach's 的大幅增加都不明显，在与本校三位旅游专家和三位营销管理专家讨论后，认为量表题项设计较合理，都予以保留。在对问卷个别题项的表述稍作修改后，问卷确定。

第四节　问卷调查及数据分析

一、问卷调查及样本特征

（一）问卷调查过程

本次调研对象规定为环城游憩游客，调研时机为基本结束环城游憩活动时，可以在景区休息处、出口处或者返程旅游车上进行。出于调研方便可行，选择作者所在城市武汉的环城游憩地进行，具体范围限定于图 3 - 2 所示 2 小时等游线范围内的景区，调查时间为 2010 年 11 月 15 日至 11 月 28 日，请作者在旅行社工作的朋友们帮忙进行问卷调查，游客每填写一份问卷，赠送一支笔和一副扑克牌作为纪念品。

图 3 - 2　武汉环城游憩地空间分布图

资料来源：李江敏，刘承良. 武汉环城游憩地空间演变研究 [J]. 人文地理，2006，6：90 - 96。

（二）样本特征

本次调查共发放问卷150份，回收后筛除所有回答分值一样或连续五项答案缺失的无效问卷，获得有效问卷138份，有效率为92.6%，对样本使用统计软件SPSS16.0进行数据录入和分析。录入复核完毕后，对样本人口特征及所调查环城游憩特征进行了描述性统计分析，以了解样本基本情况，判断其是否符合研究要求。

被调查者的人口特征从性别、年龄、家庭结构、职业、学历及月收入六方面进行描述，环城游憩特征从游憩地类型、停留时间和人均花费三方面进行描述，结果如表3－4所示：人口统计特征方面，男女比率分别为48.6%和51.4%；在年龄分布上，各年龄段游客都有分布，以中青年为主，与国内出游人口特征分布一致；在家庭结构上，已婚未婚各占一半，孩子未成年及已成年样本均有体现；在职业分布上，除军人外不同职业群体比例相对均衡；在学历上，样本群体以大专和本科为主，体现国内主要工作群体学历水平；月收入上主要集中于2000－6000元之间，与我国大众人群收入水平一致，在人口特征体现上样本具有代表性。环城游憩特征方面，游憩地类型中森林山地居多，其次是温泉和乡村旅游，其他类型比例虽不高，但都有体现，这与调查的季节有一定关系，但也反映了武汉环城游憩地的主要类型特征；在消费水平上，人均消费主要在100－300元之间，其他消费档次也有分布，在环城游憩特征方面样本也具有一定代表性。总而言之，基于人口特征和环城游憩特征的样本分析，调查样本符合研究要求。

表3－4 样本的人口统计特征及环城游憩特征

	数量	比率（%）		数量	比率（%）
性别			月收入		
男	67	48.6	2000元以下	26	18.8
女	71	51.4	2000－3999元	58	42.0
年龄			4000－5999元	37	26.8
不满18岁	0	0	6000－7999元	11	8.0
18－24岁	44	31.9	8000－9999元	3	2.2
25—34岁	33	23.9	10000－20000元	3	2.2
35－44岁	26	18.8	20000－50000元	0	0

续表

	数量	比率（%）		数量	比率（%）
45—60 岁	21	15.2	50000 元以上	0	0
大于 60 岁	14	10.2	学历		
家庭结构			小学	0	0
未婚	74	53.6	初中	4	2.9
已婚无子女	12	8.7	高中或中专	21	15.2
孩子未成年	34	24.6	大专	46	33.3
孩子已成年	18	13.0	本科	60	43.5
职业			研究生	7	5.1
政府人员（含事业人员）	12	8.7	游憩地类型		
企业经理（含私营业主）	8	5.8	森林山地	51	36.9
专业技术人员＊	29	21.0	滨水旅游地	12	8.7
公司职员	22	15.9	乡村旅游地	15	10.8
离退休人员	16	11.6	温泉度假区	21	15.2
家庭主妇	5	3.6	户外拓展基地	9	6.5
学生	20	14.5	滑雪场	15	10.8
军人	0	0	人文历史景观	15	10.8
自由职业者	25	18.1	人均消费		
其他	1	0.7	100 元以下	25	18.1
停留时间			101－200 元	36	26.1
当天返回	59	42.8	201－300 元	34	24.6
2 天	51	37.0	301－500 元	13	9.4
3 天	22	15.9	501－800 元	21	15.2
4 天	6	4.3	800 元以上	9	6.5

　　＊注：职业类别中专业技术人员包括教师、律师、医生、护士、工程师、建筑师、会计师、演员等。

二、信度检验与探索性因子分析

对统计数据采用 SPSS16.0 进行信度检验和探索性因子分析。量表信度检验结果如表 3-5 所示：总量表的 Cronbach's 系数为 0.932，说明量表一致性达到要求；提取的五个因子的 Cronbach's 系数分别为：0.904、0.857、0.836、0.809 及 0.788，均大于 0.7，说明提取出的 5 个因子具有较好的内部一致性，信度很好。

探索性因子分析数据显示，KMO 值为 0.883，大于 0.8，效果很好，样本充足性满足分析要求；Bartlett's 球形检验 P 值小于 0.05，达到显著性水平，说明各变量之间存在较高的相关性，可以进行因子分析。然后采用方差最大化正交旋转（Varimax），正交旋转后的因子载荷矩阵如表 3-5 所示：

表 3-5　因子分析与信度检验结果

	Component					Cronbach's α
	1	2	3	4	5	
Q19 感情融合	.813	.254	.298	-.005	.064	0.904
Q12 舒适感	.774	.025	.158	.174	.319	
Q18 遁世感	.762	.166	.285	.166	.105	
Q21 快乐感	.710	.201	.047	.188	.216	
Q15 美好回忆	.705	.304	.372	.086	-.026	
Q10 新鲜感	.699	.288	.026	.225	.111	
Q2 规划设计	.267	.747	.166	.103	.267	0.857
Q17 安全状况	.255	.680	.335	.141	-.106	
Q16 配套设施	.215	.662	.340	.187	.035	
Q11 服务效率	.207	.660	.090	.309	.194	
Q6 交通状况	.247	.623	.143	.210	.352	
Q14 视野开阔	.196	.150	.778	.223	.316	0.836
Q4 技能了解	.114	.295	.733	.261	.024	
Q20 互动沟通	.368	.081	.622	.163	.312	
Q8 文化了解	.349	.324	.593	.034	.123	

续表

	Component					Cronbach's
	1	2	3	4	5	α
Q1 景观感受	.200	.014	.227	.794	−.023	
Q3 主题特色	.169	.386	.187	.743	.144	
Q9 服务态度	.274	.220	.317	.659	.029	0.809
Q7 氛围感受	.007	.472	−.073	.606	.075	
Q13 出行成本	.233	.008	.156	.034	.783	
Q5 花费状况	.412	.125	.229	.242	.688	0.788
Q22 收益感知	−.009	.249	.069	−.053	.653	
方差贡献率（%）	19.52	15.05	12.61	11.59	9.90	

由分析数据可知，通过因子分析抽取出 5 个特征值均大于 1 的公因子，总共解释了 68.66% 的数据信息，说明涵盖了原有测量指标的大部分信息。各因子所包含的每一项因子载荷都大于 0.5，说明每个因子中的指标与该公因子具有较显著的相关性。由此可见，对量表中 22 个题项抽取 5 个因子比较适合。

第五节　环城游憩体验价值结构体系的确立

一、环城游憩体验价值量表的确立

（一）因子命名

第一个因子由指标 Q19、Q12、Q18、Q21、Q15 及 Q10 决定，因子载荷分别为 0.813、0.774、0.762、0.710、0.705 及 0.699，是测度感情融合、舒适感、遁世感、快乐感、美好回忆、新鲜感六个方面，对应文献分析中不同体验价值维度的指标发现舒适感、遁世感、快乐感及新鲜感都属于学者们提出的情感价值指标，而感情融合与美好回忆属于学者们提出的社会价值指标。作者就此问题专门请教了本校三位旅游专家和三位营销管理专家，专家们的一致意见认为感情融合与美好回忆若从关系角度考虑可列为社会价值指标，但也带有非常浓厚的个人感情色彩，可以归入情感价值范畴。因此，结合环城游憩消费心理分析，把第一个因子命名为"情感价值"。

第二个因子由指标 Q2、Q17、Q16、Q11 及 Q6 决定，因子载荷分别为

0.747、0.680、0.662、0.660 及 0.623，是测度规划设计、安全状况、配套设施、服务效率及交通状况五个方面，对应文献分析中不同体验价值维度的指标发现这五个方面都归属于功能价值范畴，结合环城游憩消费心理分析，把第二个因子命名为"功能价值"。

第三个因子由指标 Q14、Q4、Q20 及 Q8 决定，因子载荷分别为 0.778、0.733、0.622 及 0.593，是测度视野开阔、技能了解、互动沟通、文化了解四个方面，对应文献分析中不同体验价值维度的指标发现这四个方面都归属于认知价值范畴，结合环城游憩消费心理分析，把第三个因子命名为"认知价值"。

第四个因子由指标 Q1、Q3、Q9 及 Q7 决定，因子载荷分别为 0.794、0.743、0.659 及 0.606，是测度景观感受、主题特色、服务态度及氛围感受四个方面，对应文献分析中不同体验价值维度的指标发现这四个方面都归属于情境价值范畴，结合环城游憩消费心理分析，把第四个因子命名为"情境价值"。

第五个因子由指标 Q13、Q5 及 Q22 决定，因子载荷分别为 0.783、0.688 及 0.653，是测度出行成本、花费状况及收益感知三方面，对应文献分析中不同体验价值维度的指标发现这三个方面都归属于经济价值范畴，把五个因子命名为"经济价值"。

（二）量表确立

基于上述分析，将初始量表中 22 个题项分别归入五个因子，形成环城游憩体验价值量表，如表 3 - 6 所示。此量表是依据对武汉环城游憩游客调研分析生成，本研究还将在下一步针对全国范围内的环城游憩体验价值调研中进一步验证其普适性。

表 3 - 6　环城游憩体验价值量表

维度	指标	操作问项
功能价值	交通状况	游憩地交通便利路况好
	规划设计	游憩地的规划设计合理
	服务效率	游憩地的服务效率高
	配套设施	游憩地的餐宿、购物、通讯等配套设施完善
	安全状况	游憩地治安情况和活动设施很安全

续表

维度	指标	操作问项
情境价值	景观感受	游憩地的景观优美怡人
	氛围感受	游憩地的氛围清静和谐
	主题特色	游憩地的主题特色鲜明有吸引力
	服务态度	游憩地工作人员态度热情友好
情感价值	新鲜感	游憩体验活动令我感觉很新鲜
	快乐感	在游憩体验过程中我感觉很快乐
	舒适感	在游憩体验过程中我感觉很悠闲舒适
	遁世感	在游憩体验过程中我忘却了日常琐事和烦恼
	感情融洽	这次游憩融洽了我和同行人的感情
	美好回忆	这次游憩的美好回忆值得我向朋友津津乐道
认知价值	技能了解	参与游憩体验让我了解了不熟悉知识和技能
	文化了解	在游憩中我了解了特色文化
	视野开阔	游憩体验活动让我（或孩子）开阔了视野
	互动沟通	在游憩中和他人进行互动沟通令我很受益
经济价值	出行成本	这次出行时间、交通、精力等成本较低
	花费状况	这次环城游憩花费合理
	收益感知	这次环城游憩物有所值

二、环城游憩体验价值结构体系

按照本部分的研究思路，在对环城游憩体验价值借鉴 Sheth 等学者观点全面多维提炼维度之后，这里再借鉴 Babin 等学者的"属性二分法"观点进行分类。以属性再次分类的目的是让研究者和管理者更清楚的认识游客体验价值，进一步了解两类之间的关系。

Overby 和 Lee 认为功利性价值与效率及任务类型有关，主要指产品功能和服务以及经济价值；情绪性价值与个体主观感受相关，主要指产品的独特性、象征性及感受到的乐趣、享受感等①。借鉴上述相关理论，作者在多维度提取的基础上进一步把环城游憩体验价值分为两类：功利类体验价值和情绪类体验价值。功利类体验价值（Utilitarian experiential value）指旅游产品基本功能的客观价值体现，经济价值往往又被认为是功能价值的延伸，因此将功能价值和经济价值归为此类；情绪类体验价值（Hedonic experiential value）指被游客感受后产生一定积极情绪反应的价值，是一种主观价值体现，个体差异性较大，包括对氛围的感受、情感的触动、知识的获得等等，因此将情境价值、情感价值及认知价值归为此类。基于此，环城游憩体验价值结构体系构建如图 3 - 3 所示，这也是下一步体验价值、游客满意度及行为意向之间关系研究的基础。

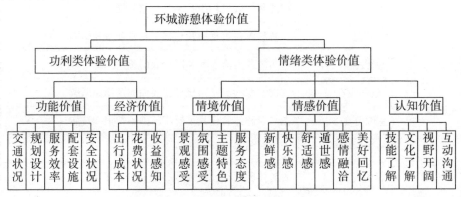

图 3 - 3 环城游憩体验价值结构体系

第六节　本章小结

本章构建了环城游憩体验价值的结构体系，为进一步研究体验价值与游客满意度及行为意向之间关系奠定基础。所构建的环城游憩体验价值体系分为两大类五维度：功利类体验价值包括功能价值与经济价值两个维度，其中功能价值由五个指标构成，经济价值由三个指标构成；情绪类体验价值包括情境价值、情感价值及认知价值三个维度，其中情境价值由四个指标构成，情感价值

---

① Overby, Lee. "The effects of utilitarian and hedonic online shopping value on consumer preference and intentions," Journal of Business Research, No. 59, 2006, pp. 1160 - 1166.

由六个指标构成，认知价值由四个指标构成。

　　研究不同于前人之处在于：研究中尝试兼取传统体验价值"二分法"及"多维分法"两者之长：事先不划分维度，在全面提炼相关指标的基础上设计问卷进行调查，采用探索性因子分析提取维度，借鉴"多维分法"观点进行维度命名，再根据不同维度体现内容的性质借鉴"二分法"观点进一步分类。这种体系构建方法既全面把握体验价值内容，又为进一步探索体验价值内部的层次作用关系奠定基础。

第四章

环城游憩行为机理的研究假设

　　环城游憩行为机理主要探讨体验价值、游客满意度及行为意向之间的关系。从第三章研究获知环城游憩体验价值结构体系包括功利类体验价值与情绪类体验价值两大类，功利类体验价值包括功能价值、经济价值两个维度，情绪类体验价值包括情境价值、情感价值、认知价值三个维度。本章和第五章将以第三章结论为基础，通过理论分析和实证研究，进一步探讨环城游憩行为中体验价值与游客满意度、行为意向的关系、以及体验价值内部两大类之间的层次作用关系。

第一节　研究变量与概念模型

一、研究变量

　　研究中除了分析体验价值与游客满意度、行为意向之间的关系外，还要分析体验价值内部功利类与情绪类体验价值之间的层次作用关系，因此探讨的内容有四个要素：功利类体验价值、情绪类体验价值、游客满意度及行为意向。下面分别提出这四要素的维度变量，在表4－1中也进行了归纳整理：

　　（一）功利类体验价值的变量确定

　　功利类体验价值（Utilitarian experiential value）划分为两个维度即两个变量：功能价值与经济价值。Sheth 等学者定义的功能价值（Functional value；FV）指满足效用或功能目的的实体属性[①]，是各种维度中最基础的价值维度，环城游憩功能价值指游客对交通、安全、卫生、旅游线路、配套设施等基本旅

---

　　① Ruyter de, K. Wetzels, M. Lemmink, J. Mattsson, J. "The dynamics of the service delivery process: A value － based approach, " International Journal of Reasearch in Marketing, Vol. 3, No. 14, 1997, pp. 231 － 243.

游功能的感知评价；Mathwick 等学者定义的经济价值（Economic value；ECV）指消费的投资报酬①，环城游憩经济价值指游客对出行成本及旅游花费的感知评价。

（二）情绪类体验价值的变量确定

情绪类体验价值（Hedonic experiential value）划分为三个维度即三个变量：情境价值、情感价值及认知价值。张凤超认为情境价值（Situational value；SV）指对消费体验环境的氛围、服务态度及各种视觉、听觉等感官评价②，环城游憩情境价值指游客对游憩地的环境氛围和服务态度的感觉和评价；Sheth、李建州等学者认为情感价值（Emotional value；EMV）指产品改变消费者的情感状态的能力和效用③④，环城游憩情感价值指游客体验旅游过程后在情感上产生的一系列感觉，本研究主要研究正向情感；Sheth 及张凤超等学者认为认知价值（Epistemic value；EPV）指产品满足顾客对知识追求的能力⑤，环城游憩认知价值指游客在游憩体验中学习知识、了解技能、开阔视野等方面的收获。

（三）游客满意度的变量确定

在第一章中对游客满意度概念研究进行过总结，学者们对游客满意度（Tourist Satisfaction；TS）的概念界定较为统一，都认为是旅游期望与实际体验感知比较被满足的程度，既有对总体满意度也有对具体方面满意度的测评研究，在本研究中对环城游憩总体满意度进行测量，游客满意度作为一个变量出现。

（四）行为意向的变量确定

在第一章中对行为意向（Behavioral Intention；BI）的定义也有详细论述，Engel 认为是消费者在消费后，对于产品或企业所可能采取特定活动或行为倾

① 谢彦君：《旅游体验研究》，北京：中国旅游出版社 2010 年版，第 1 页。
② Petrick，J. F，Bachman，S. J. "An examination of the determinants of golf travelers' satisfaction，" Journal of Travel Research，Vol. 3，No. 40，2002，pp. 252 – 258.
③ Ruyter de，K. Wetzels，M. Lemmink，J. Mattsson，J. "The dynamics of the service delivery process：A value – based approach，" International Journal of Reasearch in Marketing，Vol. 3，No. 14，1997，pp. 231 – 243.
④ Lapierre，J. "Customer – perceived value in industrial contexts，" Journal of business and Industrial marketing，No. 15，2000，pp. 122 – 140.
⑤ Ruyter de，K. Wetzels，M. Lemmink，J. Mattsson，J. "The dynamics of the service delivery process：A value – based approach，" International Journal of Reasearch in Marketing，Vol. 3，No. 14，1997，pp. 231 – 243.

向①，是衡量消费者未来行为的准确指标。本研究中关注正向的行为意向，暂不考虑负向行为意向，行为意向作为一个变量出现，指游客在旅游体验后后对于旅游产品或旅游地可能采取特定活动或行为倾向。

表 4 - 1　变量定义

		变量	变量定义	参考文献
体验价值	功利类体验价值	功能价值	游客对交通、安全、卫生、旅游线路、配套设施等基本旅游功能的感知评价	Sheth（1991）
		经济价值	游客对出行成本及旅游花费的感知评价	Mathwick（2001）
	情绪类体验价值	情境价值	游客对游憩地的主题氛围和服务态度的感觉和评价	张凤超（2009）
		情感价值	游客体验旅游过程后在情感上产生的一系列感觉	Sheth（1991）李建州（2006）
		认知价值	游客在游憩体验中学习知识、了解技能、开阔视野等方面的收获	Sheth（1991）；张凤超（2009）
游客满意度		游客满意度	旅游期望与实际体验感知比较被满足的程度	Pizam（1978）；Baker（2000）；汪侠（2010）
行为意向		行为意向	游客在旅游体验后后对于旅游产品或旅游地可能采取特定活动或行为倾向	Engel（1995）；Ajzen（1991）

二、概念模型

在第二章文献综述和理论基础部分，作者对本研究构建模型依据的理论给予了充分的论述。基于 Tolman、Atkonsin 及 Eccles、Heckhausen 等学者研究的期望价值理论（Expectancy - value theory），价值是动机和行为产生的主要因素，借鉴学者们的研究成果，选择体验价值作为游客满意度及行为意向的前因变量，并注重分析情感及情境等因素；依据顾客满意理论（Customer satisfaction theory）的主要论点即顾客满意是顾客价值与顾客忠诚之间重要的中介变量，引入游客满意度作为体验价值与行为意向之间的中介变量，探讨体验价值与游客满意度及行为意向之间的作用关系；依据 Maslow 的需要层次理论（Hierarchy of needs

---

① Engel，Blackwell，N Yiniard．Consumer behavior，Newyork：The Drydden，1995，p. 365.

theory）所述低层次的需要得到基本满足后才会产生高层次的需要，而且高层次的需要会成为推动行为的主要原因而具有更大的价值，结合 Deci 和 Ryan 的认知评价理论（Cognitive evaluation theory）认为的外在价值会激发内在价值，内在价值对行为结果的影响更为关键的论点，探讨体验价值内部的层次作用关系，在体验价值、游客满意度及行为意向的结构方程模型中，尝试提出在体验价值内部，功利类体验价值对情绪类体验价值具有直接正向影响并进行验证。

基于理论分析，本研究提出体验价值与游客满意度、行为意向之间关系的概念模型，如图 4 - 1 所示。此模型包含功利类体验价值、情绪类体验价值、游客满意度及行为意向四个要素及其构成变量，体现出的研究关系包括四个方面：体验价值五维度对游客满意度的影响关系、游客满意度对行为意向的影响关系、体验价值五维度对行为意向的影响关系以及功利类体验价值对情绪类体验价值的影响关系。

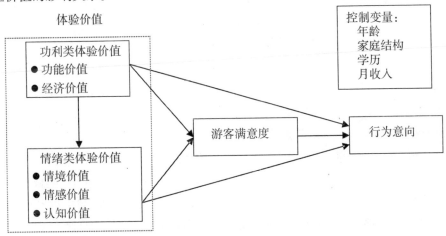

图 4 - 1　概念模型

第二节　分析方法

一、信度与效度分析方法

在结构方程建模之前必须进行样本数据的信度与效度检验，信度分析方法在第三章中已经做过介绍，在此不赘述。

效度分析方法有：表面效度（Face validity）、内容效度（Content validity）、及结构效度（Construct validity） 等，用以测量结果接近所要测量的变量内涵的程度①。表面效度是判断问卷表面上是否反映出测量的概念，内容效度反映问题是否覆盖了概念所有方面，通常采用专家咨询法；结构效度涵盖区分效度（Discriminate validity） 和聚合效度（Convergent validity），指量表测量到理论上结构的程度②，区分效度是指不同潜变量是否存在显著差异，聚合效度是指不同指标是否可用以测量同一潜变量③，因子分析是检验效度的有效手段。本研究在探索性因子分析（EFA）的基础上对数据进行验证性因子分析（CFA），确定指标和变量之间的结构关系，通过组合信度（CR）、平均方差抽取量（AVE），以及因子载荷分析聚合效度。本研究依据 Fornell 和吴明隆的观点取 CR 大于 0.7、AVE 大于 0.5 的标准，并通过判断各因子的平均方差抽取量 AVE 的平方根是否大于与其它因子的相关系数来衡量区分效度④。

二、结构方程模型分析方法

（一）结构方程模型法（Structural equation modeling）

结构方程模型法（简称 SEM）整合了因子分析（Factor analysis）与路径分析（Path analysis）统计方法，同时检验模型中包含的显性变量、潜在变量、干扰或误差变量间的关系，进而获得自变量对因变量的直接效果、间接效果或总效果⑤。管理研究中应用较多的多元回归方法有两个弱点：一是研究中难以回避的满意度、凝聚力等不可观测变量不满足多元回归因变量和自变量都可测的要求，二是多元回归难以处理多重共线性问题⑥。SEM 模型分析又称潜在变量模型，在社会科学领域中主要用于分析观察变量（Observed variables） 间彼此的复杂关系。SEM 具有如下六个特性：具有理论先验性，是一种验证性（Confirmatory）而非探索性（Exploratory）统计方法；同时处理测量与分析问题；以协方差的运用为核心，也可处理平均数估计；适用于大样本的分析；包含了许多不同

---

① 马庆国：《应用统计学—数理统计方法、数据获取与 SPSS 应用》，科学出版社 2006 年版，第 53－54 页。

② Anastasi. Psychological testing, NY：Macmillan Publishing，1990，p. 63.

③ 陈晓萍，徐淑英，樊景立：《组织与管理研究的实证方法》，北京：北京大学出版社 2010 年版，第 209－311 页。

④ 吴明隆：《结构方程模型—AMOS 的操作与应用》，重庆大学出版社 2010 年版，第 55 页。

⑤ 邱皓政，林碧芳：《结构方程模型的原理与应用》，北京：中国轻工业出版社 2009 年版，第 92 页。

⑥ Deci，Ryan. Intrinsic motivation and self－determination in human behavior，New York：Plenum Press，1985，p. 89.

的统计技术；重视多重统计指标的运用。SEM 的技术优势在于整体层次（Macor – level）而非个别或微观的层次（Mocro – level）。SEM 分析分为 4 个步骤：（1）模型构建；（2）模型适配；（3）模型评价；（4）模型修正。

近年来 SEM 受到许多学者青睐的原因是：行为及社会科学领域感兴趣的是测量及测量方法，并以测量所得数据代替构念，SEM 中常用的验证性因子分析可以实现；另外，传统的复回归统计无法解释复杂模型，而 SEM 允许确认及检测复杂的路径模型，同时进行多个变量的关系探讨、预测变量间因果模型的路径分析。基于上述特点和功能，本研究采用 SEM 进行实证分析。本书采用 SmallWater 公司的 AMOS（Analysis of Moment Structure，矩结构分析）软件来实现 SEM 的分析过程。AMOS 由 James L A 设计，与目前较为流行的 EQS、LISREL 和 Mplus 等 SEM 的分析软件一样，可以实现路径分析、回归分析和协方差结构分析等多项功能，同时它也是一种容易使用的可视化模块软件。

（二）验证性因子分析（Confirmatory factor analysis）

验证性因子分析（Confirmatory factor analysis；CFA）用于检验数个测量变量可以构成潜在变量的程度，具体而言是检验每一指标与其它潜变量或指标的潜在交叉载荷（Cross – load）之间一致性的问题。CFA 是结构方程模型的一种次模型（Submodel）[1]，是进行整合结果方程模型的一个前置步骤，也可以独立进行。研究者在研究之初已提出某种关系的假设，CFA 可以被用来确认数据的模式是否为研究者所预期的形式[2]，CFA 中理论架构的影响是分析之前发生的，是一种事前（Priori）概念。CFA 的使用范围超越了 EFA 用来简化数据或抽取因子的单纯目的，但并不足以完全取代 EFA，两者具有相辅相成的功效。

CFA 分析主要包括模型设定、模型识别和模型评价等方面。模型识别依据借鉴侯杰泰等学者的三指标法则：每个因子至少 3 个指标，每个指标只测量 1 个因子，误差不相关[3]。模型评价参照下述 SEM 模型适配度指标。

（三）SEM 模型适配度指标

适配度指标（Goodness – of – fit indices）是评价假设的路径分析模型图与搜集的数据是否相互适配。

① Joskog K D, Sorbom D. LISREL 8. 14: Structural equation modeling with the SIMPLIS command language, Chicago: Scientific Software Internation, 1993, p. 104.

② 杨婧：《自然资本视角下旅游体验价值评估研究硕士学位论文》，广州：暨南大学 2008 年。

③ 侯杰泰，温忠麟，成子娟：《结构方程模型及其应用》，教育科学出版社 2005 年半，第 180 页。

1. 模型基本适配指标

在模型基本适配指标检验方面，Bogozzi 和 Yi 提出这几个准则：估计参数中不能有负的误差方差，且达到显著水平；所有误差变异必须达到显著水平；估计参数统计量彼此相关的绝对值不能太接近 1；潜在变量与其测量指标间的因子负载最好介于 0.50－0.95 之间；不能有很大的标准误差①。

2. 整体模型适配指标

整体模型适配指标包括绝对适配统计量、增值适配统计量及简约适配统计量，主要指标如下：

（1）绝对适配统计量

①卡方自由度比（NC）

卡方自由度比也称为规范卡方（Normed chi－square；NC），卡方值（χ2）一般被认为越小表示整体模型的因果路径图与实际资料越适配。学者 Rigdon 认为，使用真实世界的数据来评价理论模型时，χ2 通常的实质帮助不大，因为 χ2 值受估计参数及样本数影响很大，估计的参数越多（自由度越大），影响假设模型的变因越多，假设模型适配度不佳的情形就越明显；当样本数较大时，往往造成 χ2 值变大，此时很容易拒绝虚无假设，接受对立假设②。吴明隆认为假设模型估计参数越多，自由度（df）会变的越小，样本数增多，卡方值也会随之扩大，若同时考虑卡方值与自由度大小，则二者的比值可以作为模型适配度是否契合的指标③。卡方自由度比值（χ2/df）越小，表示假设模型的协方差矩阵与观察数据越适配，越大表示适配度越差。在 AMOS 报表中，卡方自由度的数据栏标题为 CMIN/DF，此值小于 1 表示模型适配度不佳，其值若介于 1－3 之间表示模型适配良好④。

②RMSEA

RMSEA 为渐进参差均方和平方根（Root mean square error of approxima-tion），其概念与 NCP 类似（NCP 即非集中化参数，数值等于 χ2－df，等于 0 时表示最适配）。RMSEA 为一种不需要基准线模型的绝对性指标，其值越小，

① 邱皓政，林碧芳：《结构方程模型的原理与应用》，北京：中国轻工业出版社 2009 年版，第 92 页。

② Rigdon E. "A necessary an sufficient identification rule for structural equation models estimated," Multivariate Behavioral Research，No. 30，2009，pp. 359－383.

③ 马庆国：《应用统计学—数理统计方法、数据获取与 SPSS 应用》，科学出版社 2006 年版，第 53－54 页。

④ 同上。

表示模型的适配度越佳。与卡方值比较之下，RMSEA 值较为稳定，其数值的改变不易受样本数多寡的影响，因而在评价模型契合度时，RMSEA 值均比其他指标值为佳①。McDonald 与 Ho 认为 RMSEA 值等于 0.08 是模型契合度可以接受的门槛②；Browne 和 Cudeck 认为 RMSEA 值在 0.05 – 0.08 之间表示模型良好有合理适配，在 0.05 以下表示适配非常好③。

③GFI

GFI 为适配度指数，相当于复回归分析中的决定系数，值越大表示理论建构复制矩阵能解释样本数据的观察矩阵的变异量越大，二者的契合度越高。一般判别的标准为 GFI 值大于 0.90，表示模型路径图与实际数据有良好的适配度，大于 0.80 可以接受④。

绝对适配统计量指标还有 RMR、NCP 等等，在此不一一介绍，后面表中会列出相应判别标准。

（2）增值适配统计量

增值适配度统计量是将待检验的假设理论模型与基准线模型的适配度相互比较，以判别模型的契合度。

①CFI

CFI 指标是一种改良式的 NFI 指标值，意义是在测量从最限制模型到最饱和模型时，非集中参数的改善情形。

②TLI

TLI 指标用来比较两个对立模型之间的适配程度，又称为非规准适配指标（NNFI），它是修正了的 NFI。

此外增值适配统计量还有 NFI、RFI、IFI，与 CFI 和 TLI 一样，值大多介于 0 与 1 之间，越接近 1 表示模型适配度越好，判别标准均为 0.90 以上⑤。

---

① Marsh, Balla. "Goodness of fit in confirmatory factor analysis: The effect of sample size and model parsimony," Quality and Quality, No. 28, 1994, pp. 185 – 217.

② McDonald. "Principles and practice in reporting structural equation analysis," Psychological Methods, No. 7, 2002, pp. 64 – 82.

③ Browne, Cudeck. Alternative ways of assessing model fit. In K. A. Bollen and J. S. Long, Testing structural equation models, Newbury Park, CA, 2001, pp. 136 – 162.

④ 马庆国：《应用统计学—数理统计方法、数据获取与 SPSS 应用》，科学出版社 2006 年版，第 53 – 54 页。

⑤ 同上。

（3）简约适配统计量

PNFI 为简约调整后的规准适配指数，它把自由度的数量纳入预期获得适配程度的考虑中，比 NFI 指标更适合用作判断模型的精简程度。关注假设模型契合度判别时，一般以 PNFI 值大于 0.50 作为模型适配度通过与否的标准①。

此外简约适配统计量还有 AIC、PGFI、CN 值，表 4 – 2 中会列出相应判别标准。

表 4 – 2　SEM 整体模型配适度评价指标及其评价标准

统计检验量	适配标准或临界值
绝对适配度指数	
NC（CMIN/DF）	1 < NC < 3，表示模型可以接受，越小表明适配越好
RMSEA	< 0.08 为适配合理，< 0.05 为适配良好
GFI	> 0.90 适配理想，> 0.80 可以接受，越接近 1，表明适配越好
AGFI	> 0.90 以上
RMR	< 0.05
NCP	愈小愈好，90% 的置信区间包含 0
增值适配度指数	
CFI	> 0.90 以上
TLI	> 0.90 以上
IFI	> 0.90 以上
RFI	> 0.90 以上
NFI	> 0.90 以上
简约适配度指数	
PNFI	> 0.50 以上
PGFI	> 0.50 以上
CN	> 200

注：表中数据根据文中论述汇总。

关于模型适配指数的报告，Hu 和 Bentler 主张 CFI 与 RMSEA 两个指数都

---

① 马庆国：《应用统计学——数理统计方法、数据获取与 SPSS 应用》，科学出版社 2006 年版，第 53 – 54 页。

需报告在本书中，尤其是 RMSEA 指数，当研究者想去估计统计检验力时特别适合①。侯杰泰和温忠麟倾向报告卡方自由度比、RMSEA、CFI 及 TLI（NNFI）②。基于上述分析，本研究拟报告的指数为绝对适配度指数 NC（CMIN/DF）、RMSEA、GFI；增值适配度指数 CFI、TLI；简约适配度指数 PN-FI、CN。

3. 内在结构适配度的评估

Bollen 将模型内在结构指标称为成分适配测量（Component fit measures），他认为深入研究每一个参数，对理论的验证更能获得保障③。

（1）组合信度（Composite reliability）

组合信度（CR 或 ρ_c）主要是评价一组潜在构念指标的一致性程度，组合信度越高，表示测量指标间有高度的内在关联存在。关于判断准则多数学者采用 Kline 的观点：组合信度在 0.90 以上是最佳的，0.80 附近是非常好的，0.70 附近则是适中，0.50 以上是最小可以接受的范围，若是低于 0.50，表示有一半以上的观察变异来自随机误差，最好不接受④。

在 AMOS 的报表中并没有直接呈现潜在变量的组合信度值，研究者要根据标准化估计值中的因子负荷量求出误差变异量，再配合下列公式⑤求得：

$$组合信度 = \rho_c \frac{(\Sigma\lambda)^2}{[(\Sigma\lambda)^2 + \Sigma\theta]} = \frac{(\Sigma 因素负荷量)^2}{[(\Sigma 因素负荷量)^2 + \Sigma 测量误差异量]}$$

其中 ρ_c = 组合信度

λ = 观察变量在潜在变量上的标准化参数（因素负荷量），即指标因素负荷量

θ = 指标变量的误差变异量，即 ε 或 δ 的变异量

Σ = 把潜在变量的指标变量值加总

① Bentler. "Cutoff criteria for fit indexs in covariance structure," Equation Model, Vol. 1, No. 6, 1999, pp. 1 – 55.

② 陈晓萍，徐淑英，樊景立：《组织与管理研究的实证方法》，北京：北京大学出版社 2010 年版，第 209 – 311 页。

③ Bollen. Structural equations with latent variables, New York: Wiley, 1989, p. 162.

④ Kline, R. B. Principles and practice of structural equation modeling, New York: Guilford Press, 1998, p. 68.

⑤ 马庆国：《应用统计学—数理统计方法、数据获取与 SPSS 应用》，科学出版社 2006 年版，第 53 – 54 页。

（2）平均方差抽取量（Average variance extracted）

潜在变量的平均方差抽取量（AVE 或 ρ_u）表示相较于测量误差变异量的大小，潜在变量构念所能解释指标变量变异量的程度。AVE 值若在 0.50 以上，表示指标变量可以有效反映其潜在变量，该变量具有良好的信度与效度。

AVE 的计算公式[①]为：

$$\rho_u = \frac{(\Sigma\lambda)^2}{[(\Sigma\lambda)^2 + \Sigma\theta]} = \frac{(\Sigma\,因素负荷量^2)}{[(\Sigma\,因素负荷量)^2 + \Sigma\,测量误差变异量]}$$

其中 ρ_u = 平均方差抽取量

λ = 观察变量在潜在变量上的标准化参数（因素负荷量），即指标因素负荷量

θ = 指标变量的误差变异量，即 ε 或 δ 的变异量

Σ = 把潜在变量的指标变量值加总

三、中介效应分析方法

中介效应（Mediating effect）分析目的是考察变量之间的间接影响关系，是管理学中常用的统计方法。本研究中存在多个中介变量（情境价值、情感价值、认知价值、游客满意度），因此有必要在结构方程路径分析基础上再进行中介效应分析。

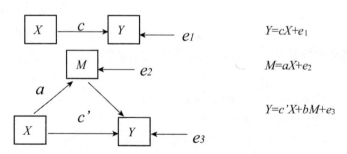

图 4 - 2　中介变量示意图

资料来源：温忠麟，侯杰泰，张雷. 调节效应与中介效应的比较和应用，心理学报，2005，37（2）：268 - 274。

中介效应的检验依据温忠麟等学者提出的中介效应检验程序进行：如果自变量 X 通过一个或一个以上的变量 M 对因变量 Y 产生影响，M 就是中介变量，

---

① Browne, Cudeck. Alternative ways of assessing model fit. In K. A. Bollen and J. S. Long , Testing structural equation models, Newbury Park, CA, 2001, pp. 136 - 162.

图 4-2 所示路径图说明变量 X、M、Y 间的关系：c 是 X 对 Y 的总效应，ab 是经过中 M 的中介效应（Mediating effect），是直接效应。c' 当只有一个中介变量的时候，$c = c' + ab$，中介效应可以使用 $c - c' = ab$ 来衡量①。

对 M 的中介效应检验步骤如图 4-3 所示：

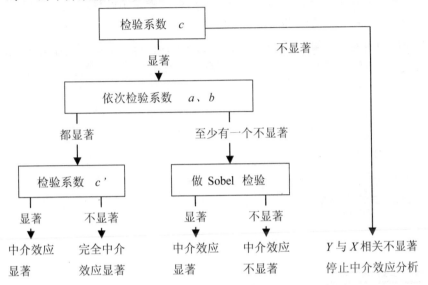

图 4-3 中介变量示意图

资料来源：温忠麟，侯杰泰，张雷. 调节效应与中介效应的比较和应用. 心理学报，2005，37（2）：268-274.

本研究用 SPSS 计算得到 a、b、c、c' 的估计量 $\hat{a}$、$\hat{b}$、$\hat{c}$、$\hat{c}'$ 以及相应的标准误。以中介效应与总效应之比 $p = \hat{a}\hat{b} / (\hat{c}' + \hat{a}\hat{b}')$ 表示中介效应的大小；当 a、b 两个系数至少有一个不显著时，需用 $Sobel$ 统计量进行检验②；$Sobel$ 统计量 $Z = \hat{a}\hat{b}/S_{ab}$，其中 $\hat{a}$，$\hat{b}$ 分别为 a，b 的估计，$S_{ab} \sqrt{\hat{a}^2 S_b^2 + \hat{b}^2 S_b^2}$，分别是 $\hat{a}$，$\hat{b}$ 的标准误。

第三节 研究假设

前面第四章第一节提出了环城游憩功利类体验价值、情绪类体验价值与游

---

① 温忠麟，张雷，侯杰泰等：《中介效应检验程序及其应用》，心理学报 2004 年第 36 期第 5 卷，第 614-620 页。

② Leinhardt S. Sociological methodology，Washington，DC：American Sociological Association，1982，p. 148.

客满意度、行为意向之间关系的概念模型，本节将基于文献研究，深入分析各变量间的具体关系，提出科学合理的关系假设。

一、环城游憩体验价值与游客满意度的关系假设

将体验价值作为游客满意度和行为意向的前因变量的理论依据是期望价值理论（Expectancy – value theory），Atkonsin、Feather 及 Eccles 等学者都推进了 EVT 理论的发展。该理论认为个体实现目标的期望值以及目标的主观价值决定了人们从事何种行为①，价值是动机和行为产生的主要因素。Cronin et al 和 Oh 等学者认为体验价值比质量等变量更适合作为行为研究的前因变量。期望价值理论在顾客价值研究中广泛应用于对满意度及行为影响的模型构建，研究者不仅关注理性认知过程，还逐渐开始加强情感方面的价值影响研究②。

本研究提出，环城游憩体验价值各维度对游客满意度都有直接的正向影响。现有大量文献也支持体验价值对顾客满意度正向影响的观点。针对传统行业的顾客价值与顾客满意之间的正向影响关系已得到验证③④⑤，影响力巨大的美国顾客满意度指数体系（ACSI）以及瑞典、韩国、中国的顾客满意度指数体系中也都将顾客价值作为一个重要的前因变量引入。针对以体验为主要特性的行业如旅游业、IT 业及 DIY 业态等领域，体验价值与顾客满意度之间的直接影响关系也逐渐被关注并得到一定验证：Woodruff 认为游客满意度的研究必须要考虑体验价值⑥；Kisang Ryua 等验证了酒店业顾客体验价值对顾客满意度产生显著影响⑦；Ching – Fu Chen 对遗产地旅游实证研究发现体验价值对游客满意度有直接影响⑧；Lee，C. 等学者研究验证了战争旅游地游客体验价值

① 吴必虎，伍佳，党宁：《旅游城市本地居民环城游憩偏好：杭州案例研究》，人文地理 2007 年第 2 期，第 27 – 29 页。

② 同上。

③ 燕纪胜：《BZC 模式下的顾客价值构成维度研究［硕士学位论文］》，威海：山东大学 2008 年。

④ Fornell C. "A national customer satisfaction barometer: The swedish experience," Journal of Marketing, Vol. 1, No. 56, 1992, pp. 6 – 21.

⑤ Oh H. "Diners' perceptions of quality, value and satisfaction," Cornell Hotel and Restaurant Administration Quarterly, Vol. 3, No. 41, 2000, pp. 58 – 66.

⑥ Parasuraman A, Grewal D. "The impact of technology on the quality – value – loyalty chain: A research agenda," Journal of the Academy of Marketing Science, Vol. 1, No. 28, 2000, pp. 168 – 174.

⑦ 肖轶楠，夏沫：《论主题公园体验价值的创造》，旅游学刊 2008 年第 5 期，第 57 – 60 页。

⑧ Ching – Fu Chen, Fu – Shian Chen. "Experience quality, perceived value, satisfaction and behavioral intentions for heritage tourists," Tourism Management, No. 31, 2010, pp. 29 – 35.

对游客满意度具有显著影响①；宋春红等研究显示房产经纪服务业中顾客体验价值对顾客满意产生直接影响②。旅游具有生产与消费同时进行的特点，环城游憩游客的实际体验会影响其产生对游憩地感知评价优劣，即环城游憩体验价值对游客满意度有直接的正向影响。

上述研究多是将体验价值作为一个变量测量总体感知评价，也有不少学者对体验价值结构进行细分，探讨了不同维度与顾客满意度的关系。Lee 等对旅游地游客感知价值研究验证了功能价值、情感价值及总体价值对游客满意度都有着显著影响③；Pizam 提出海滨旅游地游客满意的 8 个影响因素是环境、成本、好客度、海滩、住宿设施、餐饮设施、游憩机会、商业化程度，这其中就包含有功能价值、情境价值、经济价值的含义④；Cedri His – Jui 等对酒店业体验价值研究发现经济价值、服务质量、认知价值和情感价值都显著影响顾客满意度⑤；查金祥以 B2C 电子商务为实证对象验证了功能性价值显著影响顾客满意度⑥；徐伟和景奉杰对经济型酒店顾客价值与满意度关系的研究显示有形产品、地理位置、服务质量（功能价值）和物有所值（经济价值）直接影响顾客满意度⑦，顾客满意研究常用的公平理论也显示当顾客感觉到物有所值时满意感才会产生；Oliver 认为情感价值是顾客满意度的重要影响因素⑧；Zhaohua Deng 在对中国的手机短信顾客满意度研究中发现体验价值中的功能价值、情

① Oliver R L, Burke R R. "Expectation processes in satisfaction formation," Journal of Service Research, Vol. 3, No. 1, 1999, pp. 196 – 214.

② Lee C, Yoon Y, Lee S. "Investigating the relationships among perceived value, satisfaction, and recom – mendations: the case of the Korean DMZ," Tourism Management, Vol. 1, No. 28, 2007, pp. 204 – 214.

③ Oliver R L, Burke R R. "Expectation processes in satisfaction formation," Journal of Service Research, Vol. 3, No. 1, 1999, pp. 196 – 214.

④ P. Pearce and G. Moscardo. "Visitor evaluation: An appraisal of Goalsand techniques," Evaluation Review, Vol. 9, 1985, pp. 281 – 306.

⑤ 吴明隆：《SPSS 操作与应用—问卷统计分析实务》，台中：五南图书出版公司 2008 年版，第 291 页。

⑥ Gale, Y. Managing customer value creating quality and service that customers can see, New York: The Free Price, 1994, pp. 98 – 112.

⑦ 宋春红，苏敬勤：《服务质量、顾客价值及顾客满意对顾客忠诚影响的实证检验》，统计与决策 2008 年第 19 期，第 182 – 184 页。

⑧ 姜立利：《期望价值理论的研究进展》，上海教育科研 2003 年第 2 期，第 33 – 35 页。

感价值对顾客满意度有直接影响①；Kozak 通过游客满意度调查发现文化是对其影响的一个重要因素；Paul Williams 研究发现探险旅游体验价值的五个维度：功能价值、经济价值、情感价值、社会价值及新奇价值对游客满意度均有正相关关系②；Jooyeon Ha 将酒店顾客体验价值分为实用性体验价值和享受性体验价值两个维度，结果显示两维度对游客满意度都正相关③；

环城游憩体验的功能价值指游客对交通、安全、卫生、旅游线路、配套设施等基本旅游功能的感知评价。这些方面是实现旅游食、住、行、游、购、娱的基本保障，许多导致游客不满甚至投诉的原因都涉及到安全卫生状况不达标、服务配套管理不完善及游憩功能未实现等，游憩地规划开发的基础是实现功能价值。据此，本研究提出以下假设：

假设 1a：功能价值对游客满意度有直接的正向影响（H1a）。

环城游憩体验的经济价值指游客对出行成本及旅游花费的感知评价。在前面访谈分析中获知，人们进行环城游憩的主要消费心理是在有限的休假时间内享受放松的快乐，希望游憩地方便易达、价格合理。如果经济实惠又物有所值，游客满意度自然高；环城游憩中也有高端度假旅游产品，消费价格虽高，但是如果在出行时间、精力等成本上比同类型其他地区旅游地要低，游客能更便利的享受同样品质的度假乐趣，满意度自然会更高，这也是环城游憩相对于远距离旅游度假应努力体现出的优势。据此，本研究提出以下假设：

假设 1b：经济价值对游客满意度有直接的正向影响（H1b）。

环城游憩体验的情境价值指游客对游憩地的主题氛围和服务态度的感觉和评价，情境价值在环城游憩体验中非常重要。那种人挤人的旅游环境在有些著名观光地可能常见，对此有游客调侃"不来终生遗憾，来了遗憾终生"，到此一游、一睹为快，虽有遗憾但还是满足了逐新猎奇的心理。而人们进行环城游憩是为了躲避城市喧嚣，改变环境，享受休闲时光，游憩地的知名度和景观独特性可能不是最主要的因素，悠闲的氛围、创意的主题及友好的服务态度更会对游客满意度产生很大影响。据此，本研究提出以下假设：

① Zhaohua Denga, Yaobin Lua. "Understanding customer satisfaction and loyalty: An empirical study of mobile instant messages in China," International Journal of Information Management, No. 30, 2010, pp. 289 – 300.

② Paul Williams, Geoffrey N. Soutar. "Value, satisfaction and behavioral intentions in an adventure tourism context," Annals of Tourism Research, No. 36, 2009, pp. 413 – 438.

③ Alvin C. Burns, Ronald F. Bush. 梅清豪等译：《营销调研》，中国人民大学出版社 2001 年第二版，第 195 页。

假设1c：情境价值对游客满意度有直接的正向影响（H1c）。

环城游憩体验的情感价值指游客体验旅游过程后在情感上产生的一系列感觉。在体验经济时代，游客也更加注重个性化、情感化旅游体验，旅游体验要以游憩地为舞台，展示个性化的旅游活动项目，充分考虑游客的情感需求，为其创造难以忘怀的体验，这种美好的回忆会成为今后津津乐道的话题，从而在游客亲朋好友中对游憩地进行着口碑传播。这种理想化的需求与现实还有距离，在调研中发现，有些环城游憩地虽然硬件设施完善，但有的游客反映出的满意度并不高，认为游憩项目没有新意，难以引起游客兴致，有些趣味索然。环城游憩地资源类型可能相似度较高，产品同质化严重，注重挖掘提高游客情感价值的项目开发，让游客在体验中能够兴趣盎然、忘却烦恼，这种体验必然令游客满意、值得长久回味。据此，本研究提出以下假设：

假设1d：情感价值对游客满意度有直接的正向影响（H1d）。

环城游憩体验的认知价值指游客在游憩体验中学习知识、了解技能、开阔视野等方面的收获。旅游本身就是一件知行天下的经历，历史地理、风土人情、自然风貌都能让人感受到"纵横上下五千年"或"一览众山小"的开阔感受。体验经济背景下，人们对亲身参与体验类的活动项目越来越青睐，认为能够既能了解技能、感受生活，又能使自己重新体验孩提时代的童真，感受沉浸其中的快乐，这也是环城游憩活动打造的重点。可能没有景观独特的优势，但可以营造创意性体验活动，目前有些环城游憩活动如挖红薯、摘瓜果等农家乐，在矿冶遗址打造原始冶炼场景让游客亲自动手等参与性互动不仅让孩子兴奋、也让成人们感受到了乐趣。主题文化园、乡土风情展示等体验活动都能增加游客认知价值，满意感也更强。据此，本研究提出以下假设：

假设1e：认知价值对游客满意度有直接的正向影响（H1e）。

二、游客满意度与行为意向的关系假设

在第二章中对顾客满意理论（Customer satisfaction theory）进行了回顾，获知顾客满意是行为意向及顾客忠诚重要的前因变量，Kotler认为顾客购物后若感到满意，则会有较强的再购意愿[①]；在美国顾客满意度指数体系（ACSI）中顾客忠诚也作为顾客满意度的结果变量出现。Thomas. O. Jones 和 W. Earl. Sasser 对顾客满意和顾客忠诚的关系研究表明，二者关系受行业竞争

[①] Hou Lun, Tang Xiaowo. "Gap model for dual customer values," Tsinghua Science and Technology, No. 6, 2008, pp. 395–399.

状况的影响，高度竞争行业顾客满意强烈影响顾客忠诚，低度竞争行业顾客满意对顾客忠诚影响程度较小①。旅游业属于高度竞争行业，近些年来环城游憩地开发也如火如荼，竞争日趋白热化，据此理论，游客满意度对游客忠诚的影响会很大。

顾客满意理论是游客满意度研究的重要理论基础，借鉴顾客满意与顾客忠诚的关系，本研究认为游客满意度是研究体验价值与行为意向关系的重要中介变量。虽有个别学者研究显示游客满意度对游客忠诚没有相关作用，但游客满意与否会导致游客抱怨或忠诚目前得到多数学者认可：Ching - Fu Chen 对遗产地旅游实证研究发现游客满意度对行为意向有显著的直接影响②；Tak Kee Hui 和 David 验证了新加坡游客满意度和重游、推荐意愿的正向影响关系③；Christina、Kim、Bigne、卜显红及汪侠等学者也都构建结构方程验证了游客满意度与行为意向之间的正相关关系。

根据上述分析，本研究在环城游憩体验价值对行为意向的影响研究中引入游客满意度作为中介变量，提出以下假设：

假设2：游客满意度对行为意向有直接的正向影响（H2）。

三、环城游憩体验价值与行为意向的关系假设

将体验价值作为行为意向的前因变量的理论依据也是期望价值理论（Expectancy - value theory）。在体验价值对行为意向的影响研究中有学者引入顾客满意度作为中介变量，也有学者直接探讨二者关系，不论是直接还是间接影响，很多学者都提出体验价值是行为意向重要的前因变量：Mathwick 对零售业进行实证研究将体验价值分为快乐价值、审美价值、消费投资价值及完美服务价值四维度，并验证了这四维度与行为意向的正向影响关系④；PZB 三位学者认为服务质量等功能价值会影响消费之行为意向⑤；Anderson 和 Sullivan 研

①　彭春萍：《我国农家休闲茶室顾客满意度研究［硕士学位论文］》，杭州：浙江大学 2007 年。

②　Kline, R. B. Principles and practice of structural equation modeling, New York：Guilford Press, 1998, p. 68.

③　Tak Kee Hui, David Wan, Alvin Ho. "Tourists' satisfaction, recommendation and revisiting Singapore," Tourism Management, No. 282, 007, pp. 965 - 975.

④　谢彦君：《旅游体验研究》，北京：中国旅游出版社 2010 年版，第 1 页。

⑤　Parasuraman, Zeithaml, Berry. "The behavioral consequences of service quality," Journal of Marketing, Vol. 4, No. 60, 1996, pp. 31 - 46.

究显示体验价值会正向影响顾客再购行为意向①；Paul Williams 研究发现经济价值、情感价值对行为意向具有直接和间接影响②；Chang 和 Wildt 研究发现质量和价格对重购意向有显著的影响③；Speigelman 认为要想让顾客成为回头客，经营者必须牢记在心的是提高他们的体验价值④。

旅游体验价值对行为意向的影响的研究还处于起步阶段，学者们对两者之间关系的探讨结论多是认为体验价值对行为意向有正向影响：Ha 和 Jang 针对酒店业的研究证实了功利性体验价值和情绪性体验价值都对顾客行为意向有正向影响⑤；Joe Hutchinson 针对高尔夫旅游者进行实证分析后发现感知价值既对游客满意度直接影响显著，又对行为意向中的重游意愿和口碑推荐有显著的直接影响⑥；Ching - Fu Chen 对遗产地旅游实证研究发现体验价值对行为意向有直接影响⑦；徐伟、景奉杰对经济型酒店顾客价值与行为意向关系的研究显示有形产品、地理位置、服务质量（功能价值）和物有所值（经济价值）对行为意向既有直接的又有间接的影响⑧；Jooyeon Ha 对酒店业研究显示对于关系熟悉的群体，实用性体验价值对行为意向具有直接影响，对于关系不熟悉群体，享受性体验价值对行为意向具有直接影响⑨；Soocheong 等在对餐饮业的实证研究发现情境价值、情感价值及服务质量都对行为意向有正向的影响作

① 张圣亮，张文光：《服务补救程度对消费者情绪和行为意向的影响》，北京理工大学学报 2009 年第 12 期，第 82 - 89 页。

② Leinhardt S. Sociological methodology, Washington, DC: American Sociological Association, 1982, p. 148.

③ Chang, Wildt. Price, "Product information and purchase intention: An empirical study," Journal of the Academy of Marketing Science, No. 22, 1994, pp. 16 - 27.

④ Spiegelman, Paul. "Live Customer interaction and the internet join in internation ," Direct Marketing, No. 8, 2000, pp. 38 - 41.

⑤ 杨婧：《自然资本视角下旅游体验价值评估研究［硕士学位论文］》，广州：暨南大学 2008 年

⑥ Creusen, Schoormans. "The different roles of product appearance in consumer choice," Journal of Product Innovation Management, No. 22, 2005, pp. 63 - 81.

⑦ Kline, R. B. Principles and practice of structural equation modeling, New York: Guilford Press, 1998, p. 68.

⑧ 宋春红，苏敬勤：《服务质量、顾客价值及顾客满意对顾客忠诚影响的实证检验》，统计与决策 2008 年第 19 期，第 182 - 184 页。

⑨ Alvin C. Burns, Ronald F. Bush. 梅清豪等译：《营销调研》，中国人民大学出版社 2001 第二版，第 195 页。

用①。由上述研究可知，针对不同研究对象，体验价值对行为意向会产生直接或间接的不同影响，若探讨体验价值不同维度对行为意向的影响，则显示影响力也有差异。

环城游憩与远距离观光度假旅游相比最大优势在于距离近，游客重游可能性大。游客体验后若感觉游憩地环境优美、功能完善、花费合理、活动有吸引力，能够让人身心放松、精神愉悦并增长见识，体验感受深刻，回去就会对别人夸赞并推荐此地，以后有机会的话也会重游，如果游憩地开发新的项目，费用稍上涨游客也会成为回头客。本研究认为，环城游憩体验价值对行为意向有正向影响。

本研究想要探究环城游憩体验价值的不同维度对游客游后行为意向的影响机制，是直接对行为意向产生影响，还是必须通过游客满意度产生影响，这会关系到环城游憩地在开发管理中的战略制定。因此，提出以下假设：

假设 3a：功能价值对行为意向有直接的正向影响（H3a）；

假设 3b：经济价值对行为意向有直接的正向影响（H3b）；

假设 3c：情境价值对行为意向有直接的正向影响（H3c）；

假设 3d：情感价值对行为意向有直接的正向影响（H3d）；

假设 3e：认知价值对行为意向有直接的正向影响（H3e）。

四、功利类体验价值与情绪类体验价值的关系假设

通过文献回顾发现，体验价值对行为影响过程中内部维度间是否具有层次作用尚未被学者们关注，作者认为这个问题是明确有效提升体验价值的关键。

本书在第三章环城游憩体验价值结构体系构建部分对体验价值全面多维划分基础上又按属性区分为：功利类体验价值和情绪类体验价值。功利类体验价值侧重对客观价值的评价，属外在价值；情绪类体验价值侧重对主观价值的评价，属内在价值。本研究依据 Maslow 需要层次理论（Hierarchy of needs theory）所述低层次的需要得到基本满足后才会产生高层次的需要，而且高层次的需要会成为推动行为的主要原因而具有更大的价值，结合 Deci 和 Ryan 认知评价理论（Cognitive evaluation theory）认为的外在价值会激发内在价值，内在价值对行为结果的影响更为关键的论点，尝试提出在体验价值内部，功利类体验价值对情绪类体验价值具有直接正向影响并进行验证。

---

① SooCheong. "Perceived quality, emotions, and behavioral intentions," Journal of Business Research, No. 62, 2009, pp. 451 – 460.

环城游憩体验中的功能价值是情境价值、情感价值、认知价值的基础，只有在规划设计、交通状况、配套设施、服务效率以及安全性方面都有保障，人们才有心思进行精神享受。合理的规划布局、科学的服务管理会带来游憩地游览线路的巧妙分布、景区人流量合理控制、排队等候区域的科学设计，从而为游客创造良好的情境价值。游客体验中的快乐感、遁世感等情感价值会因为不安全因素出现而受到影响，完善的功能设施加上新颖有趣的旅游活动，才能令游客悠闲舒适享受美好时光，沉浸在快乐的世界忘却日常烦恼。环城游憩中主题文化园展示、亲手劳作的体验、互动沟通的交流等都能创造游客的认知价值，各种创意活动的设计也都要在合理的规划布局、完善的配套设施及高效的服务等功能基础上实现。据此，提出以下假设：

假设4a：功能价值对情境价值有直接的正向影响（H4a）；

假设4b：功能价值对情感价值有直接的正向影响（H4b）；

假设4c：功能价值对认知价值有直接的正向影响（H4c）。

环城游憩体验中的经济价值主要指出行时间、交通、精力等成本较低，合理的花费和以及不亚于远距离景点的体验令游客感觉物有所值。环城游憩地主要是为城市居民营造休闲场所，以当地资源为基础依山就势打造，从独特性上评价可能不凸现，要想吸引游客，必须以区位优势降低游客出行成本，以精心设计的体验活动引起游客兴趣，令游客感觉物超所值，提高经济价值。从消费心理分析，人们投入越多，所期待的收获要求也越高，例如：游客若花一天路途时间到外地游一座山，会希望看到独一无二的景观才觉得不虚此行；若花一个小时到郊区游一座山，只要空气清新景色秀丽就会觉得挺满足，两种情况下对价值的感知判断差异很大。在这种心理作用下，对开发同类型新型游憩体验项目，对游客的吸引力会随着出行成本的增加呈距离衰减规律。换句话说，游客获得的经济价值越高，感受到的的情境价值、情感价值及认知价值越高。据此，提出以下假设：

假设5a：经济价值对情境价值有直接的正向影响（H5a）；

假设5b：经济价值对情感价值有直接的正向影响（H5b）；

假设5c：经济价值对认知价值有直接的正向影响（H5c）。

五、假设模型

依据前述概念模型及关系假设，构建假设模型如图4-4所示。功利类体验价值两维度是功能价值和经济价值，情绪类体验价值三维度是情境价值、情感价值及认知价值。按照上述关系分析共提出17个假设，在下一章中将通过实证研究进行检验。

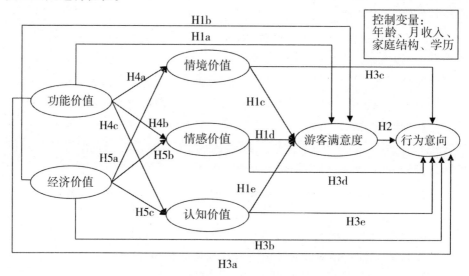

图4-4　假设模型

第四节　本章小结

本章在第三章环城游憩体验价值结构体系构建的基础上，针对环城游憩行为，提出了体验价值各维度与游客满意度及行为意向之间的17个关系假设：基于期望价值理论（EVT）和学者们已有的研究基础，结合实际分析，提出体验价值五个维度功能价值、情境价值、情感价值、认知价值及经济价值分别对游客满意度及行为意向都具有直接的正向影响；基于顾客满意度指数体系和文献基础，提出游客满意度对行为意向具有直接的正向影响；基于 Maslow 的需要层次理论及认知评价理论（CET）尝试提出体验价值内部的层次关系即功利类体验价值两维度对情绪类体验价值三维度具有直接的正向影响。并在假设关系分析的基础上构建了假设模型，在下一章将对此模型进行实证研究验证。

第五章

实证研究

第一节 问卷设计与预测

一、问卷测量方法

本部分研究也采用问卷调查方式，问卷内容分为三大部分：第一部分了解被调查者所回顾的环城游憩基本情况，包括游憩地区位、类型、体验活动项目、出游原因、出游时间、出游方式、停留时间、同行人、人均消费及出游频次等；第二部分用于测量游客环城游憩体验价值及满意度、行为意向等感知评价，依据假设模型中的 7 个变量进行设计。指标评价采用七点 Likert 量表测量，1 到 7 分别对应"非常不同意——非常同意"；第三部分是被调查者的个人信息，包括性别、年龄、家庭结构、职业、学历及月收入。

二、量表设计

体验价值量表以第三章构建的环城游憩体验价值结构体系为基础，为了让被调查者填写题项时感觉符合习惯，所以虽然功能价值与经济价值两维度同归为功利类体验价值，还是将经济价值放于其他体验价值维度之后进行调查。游客满意度和行为意向的量表设计则是借鉴先前研究较成熟的量表，根据研究内容确定指标，各变量指标设计如表 5 - 1 所示。

关于游客满意度的测量，学者们有对总体满意度进行测量，也有对各具体因素分别测量，本研究把体验价值作为游客满意度的前因变量并做详细测量，在此拟对游客满意度的总体感知进行测量。针对总体满意情况，Choong - Ki

Lee 在对韩国旅游地研究中以总体满意感知、与期望比满意感知等指标来测量①；Vesna 以旅游过程总体愉悦感知、超出预期想象、与以前经历相比满意等指标来测量②；Yooshik Yoon 在对目的地动机-满意-忠诚研究中以与期望比满意、与其他旅游地比满意及总体感觉满意三指标来测量③。

关于行为意向的测量，Zeithaml 将其分为两维度：正向的行为意向（口碑传播、重购意向及支付更多等）和负向的行为意向（抱怨行为及转换意向等）。口碑传播是指人们向亲友分享自己的消费体验，重购意向是指愿意再次购买产品，支付更多是指如果产品或服务涨价或比同类产品高些还是愿意购买。P. Z. B 以五个方面测量行为意向：忠诚度（Ioyalty）、转移（Switch）、支付更多（Pay more）及外部回应（External response）、内部回应（Internal response）④。在针对旅游业的行为意向测量中，Sunghyup 等在研究酒店业体验后的行为意向时采用正面评价、向别人推荐以及再次入住意愿 3 个指标衡量⑤；岑成德、钟煜维选用重游意愿和推荐意愿对生态旅游者行为意向进行衡量⑥；樊玲玲探讨湿地公园游后行为意向时的衡量指标是：愿意重游、会向亲友推荐、从其他公园转向此地⑦。

① Hanny, Nasution. "Customer value in the hotel industry: What managers believe they deliver and what customer experience," International Journal of Hospitality Management, No. 27, 2008, pp. 204 – 213.

② Javier, Callarisa. "Perceived value of the purchase of a tourism product," Tourism management, No. 27, 2006, pp. 394 – 409.

③ Vesna, Maja. "Modelling perceived quality, visitor satisfaction and behavioural intentions at the destination level," Tourism Management, No. 31, 2010, pp. 537 – 546.

④ Beeho, Prentice. "Conceptualizing the experiences of heritage tourists: a case study of New Lanark World Heritage Village," Tourism Management, No. 18, 1997, pp. 75 – 87.

⑤ Parasuram A, "BerryLL and Zeithaml VA. Refinement and reassessment of the SERVQUAL scale," Journal of Retailing, Vol. 4, No. 67, 1991, pp. 420 – 451.

⑥ Lassar W, Mittal B and Sharma A. "Measuring customer – based brand equity," Journal of Consumer Marketing, Vol. 4, No. 12, 1995, pp. 11 – 19.

⑦ 樊玲玲：《湿地公园游客体验与游后行为意向的关系研究［硕士学位论文］》，杭州：浙江大学 2009 年。

表 5 – 1　各变量的题项

变量	ID	题项	来源
功能价值	FV1	游憩地交通便利路况好	Babin（1994）；Sweeney（2001）；Sheth（2001）；Carlos（2006）；Vesna（2010）；Jooyeon（2010）；Javier（2006）；Christina（2008）；徐伟，景奉杰（2008）；张成杰（2006）；深度访谈
	FV2	游憩地的规划设计合理	
	FV3	游憩地的服务效率高	
	FV4	游憩地的餐宿、购物、通讯等配套设施完善	
	FV5	游憩地治安情况和活动设施很安全	
情境价值	SV1	游憩地的景观优美怡人	Lai（1995）；Creusen（2005）；Crdric His – Jui（2009）；Vesna（2010）；Hanny（2008）；徐伟，景奉杰（2008）；张凤超（2010）；张成杰（2006）；深度访谈
	SV2	游憩地的氛围清静和谐	
	SV3	游憩地的主题特色鲜明有吸引力	
	SV4	游憩地工作人员态度热情友好	
情感价值	EMV1	游憩体验活动令我感觉很新鲜	Mathwick（2001）；Sheth（2001）；Crdric（2009）；Lai（1995）；Sanchez.（2006）；Yooshik（2005）；张荣（2010）；Williams（2000）；Holbrook（1999）；Duk – Byeong Park（2009）；范秀成（2003）；张凤超（2009）；李建州（2006）；深度访谈
	EMV2	在游憩体验过程中我感觉很快乐	
	EMV3	在游憩体验过程中我感觉很悠闲舒适	
	EMV4	在游憩体验过程中我忘却了日常琐事和烦恼	
	EMV5	这次游憩融洽了我和同行人的感情	
	EMV6	这次游憩的美好回忆值得我向朋友津津乐道	
	EPV4	在游憩中和其他人进行交流令我很受益	
认知价值	EPV1	参与游憩体验让我了解了不熟悉知识和技能	Sheth（2001）；Lai（1995）；Williams（2000）；Choong – Ki Lee（2007）；Yooshik（2005）；张凤超（2009）；深度访谈
	EPV2	在游憩中我了解了特色文化	
	EPV3	游憩体验活动让我（或孩子）开阔了视野	
	EPV4	在游憩中和其他人进行交流令我很受益	
经济价值	ECV1	这次出行时间、交通、精力等成本较低	Mathwick（2001）；Teoman（2004）；Joe（2009）；Hanny（2008）；Choong – Ki Lee（2007）；张荣（2010）；深度访谈
	ECV2	这次环城游憩花费合理	
	ECV3	这次环城游憩物有所值	

续表

变量	ID	题项	来源
游客满意度	TS1	总体而言,我对这次环城游憩经历感到满意	Choong – Ki Lee(2007); Vesna (2010); Yooshik Yoon(2006)
	TS2	与期望值相比,我对这次环城游憩感到满意	
	TS3	与其他同类环城游憩地感受相比,我对这次经历感到满意	
行为意向	BI1	如果有机会,我还会再来此重游	Zeithaml (1996); P. Z. B (1991); Sunghyup (2011);岑成德(2010); 樊玲玲(2009)
	BI2	我会向亲友或在网络上正面评价此环城游憩地	
	BI3	我会向亲友或在网络上推荐此环城游憩地	
	BI4	我会将此地作为同类型环城游憩地的首选	
	BI5	如果增加新的体验项目,费用稍涨我也还会来	

本研究借鉴以上学者观点,对游客满意度采用 3 个指标测量:总体满意感、与期望比满意感及与同类比满意感。对于行为意向的衡量可以根据研究需要选择相应指标进行,没有非常严格的限制,但在一项研究中尽可能采用同向指标,要么选择正向行为意向要么选择负向行为意向指标进行探讨。本研究着力探讨正向行为意向,在指标选择上借鉴 Zeithaml、P. Z. B、Sunghyup、岑成德及樊玲玲等学者观点,以 5 个指标测量环城游憩游后行为意向:重游意愿、正面评价、推荐意愿、首选意愿及支付更多。

控制变量年龄、家庭结构、学历及月收入的具体衡量方法分别为:年龄按照"不满 18 岁、18 - 24 岁、25 - 34 岁、35 - 44 岁、45 - 60 岁、大于 60 岁"划分为 6 个尺度;家庭结构按照"未婚、已婚无子女、孩子未成年、孩子已成年"划分为 4 个尺度;学历按照"小学、初中、高中或中专、大专、本科、研究生"划分为 6 个尺度;月收入按照"2000 元以下、2000 - 3999 元、4000 - 5999 元、6000 - 7999 元、8000 - 9999 元、10000 - 20000 元、20000 - 50000 元、50000 元以上"划分为 8 个尺度。

三、问卷预测与量表确定

2010 年 12 月 8 日,作者及同学在武汉市东湖景区、汉口江滩等休闲地随机抽取了 120 名在过去一年中有环城游憩经历的市民进行了问卷预测,预测回收有效问卷 116 份,有效率为 96.7%。对预测数据进行因子分析,结果显示:KMO 值为 0.877,效果很好;Bartlett's 球形检验值为 0.000,小于 0.05 达到显著性水平，30 个题项提取出 7 个特征值大于 1 的因子，且因子载荷都大于 0.5 的要求。对预测试数据进行信度检验，结果显示：量表总体信度 Cronbach's 值为 0.946，提取出 7 个因子的 Cronbach's 值分别为 0.854、0.804、0.895、0.833、0.785、0.846 及 0.875，均在 0.70 以上，达到标准要求，说明预测提取出的 7 个因子都具有较好的内部一致性。CITC 值都在 0.4 以上，各项指标若删除，对 Cronbach's 的大幅增加都不明显，在与相关专家讨论后，量表指标较合理，都予以保留。

第二节　样本搜集

一、样本选择与问卷调查

为使研究具有普适性，问卷调查针对全国范围内在过去一年里有过环城游憩经历的民众进行随机抽样。这次调查针对游后回顾的原因是本问卷需要了解人们游后的感受与行为选择，经过一定时间沉淀游后行为才能够体现出来。调研可行的另外原因是环城游憩已经成为大众化的生活方式，这种游历很多人都会有；"一年"期限的选择是考虑四季的旅游活动有差异，这样可以尽可能全面的了解不同旅游体验的游客感知。

调研方式为：网络问卷发放与当面问卷发放相结合。问卷调查时间为 2010 年 12 月 10 日—2011 年 1 月 21 日，这期间在"问卷星专业调查网站"发布网络问卷"环城游憩体验价值与游客满意度、行为意向关系调查"（网址：http：// www. sojump. com /jq/ 550364. aspx）进行随机调研，通过网上填写问卷有积分的激励获得问卷反馈，同时通过 QQ 好友、QQ 群、邮箱等传播方式发送网络问卷的链接，并请接受者协助再转发填写，尽可能在全国范围内针对不同地区、行业和年龄段群体进行调查，网络问卷的填答、回收及各项信息获取都很便利。此外，考虑到网上问卷调查的形式对于上网较少的一些群体不便利的限制，作者及同学还分别于 2010 年 12 月 11 日、2010 年 12 月 18 日在武汉市东湖景区、武汉老年大学、北京市北海公园向市民发放问卷，随机抽取在过去一年中有环城游憩经历的市民根据游憩体验感受填答问卷并现场回收。

大规模调查共回收有效问卷 455 份：其中网络问卷 318 份，基于网络问卷回答若不合乎要求就不能提交以及作答者态度都较配合的特点，这 318 份都为有效问卷；当面调研发放纸质问卷 150 份，筛掉 5 个以上填写不完整及所有题项所选分值一致的无效问卷 13 份，回收有效问卷 137 份，总体有效问卷率为

97.2%。455 份有效问卷来源地涉及全国 27 个省和直辖市，其中华中地区 113 份、华北地区 110 份、华南地区 84 份、华东地区 72 份、西部地区 76 份，样本总体能够体现我国环城游憩游客体验感知情况，具有一定的代表性。

二、回答偏差检验

为了验证两种途径的量表回答的无偏性，作者对网络调研回收的 318 份有效问卷与当面调研回收的 137 份有效问卷进行了独立样本 T 检验和单因素方差分析，结果如表 5 - 2 所示，在 0.05 显著性水平下没有发现显著差异（p > 0.05），说明不存在因调查方法不同造成的回答偏差。

表 5 - 2　网络调研和当面调研的回答偏差检验

变量	网络调研		当面调研		独立样本 T 检验		单因素方差分析	
	Mean	S. D	Mean	S. D	T 统计量	p 值	F 统计量	p 值
功能价值	5.01	1.108	5.06	.961	-.436	.663	.190	.663
情境价值	5.49	1.073	5.33	.938	1.573	.117	1.473	.117
情感价值	5.66	1.132	5.66	.967	.028	.978	.001	.978
认知价值	5.06	1.276	5.16	1.022	-.868	.386	.632	.427
经济价值	5.50	1.153	5.46	.911	.417	.677	.145	.704
游客满意度	5.63	1.118	5.66	.862	-.322	.748	.084	.772
行为意向	4.97	1.456	4.89	1.134	.699	.485	.401	.527

三、样本容量分析

在验证性因子分析或结构方程分析中，样本容量 CN 最小应当是多少？每个潜变量至少要有多少个指标？学者们都认为 SEM 适用于大样本的分析，样本数越多，统计分析的稳定性与各种指标的适用性也越佳。Boomsma 研究发现 N 愈大愈好，建议 CN 最少大于 100，但大于 200 更好①。吴明隆认为 CN 值在 200 以上表示该理论模型可以适当反映实际样本的性质②。Nunnally 被他人经常引用的建议是：被试人数是变量的 10 倍③。也有学者如 Bentler 认为被试者

---

① Boomsma A. On the robustness of LISREL against small sample size and non - normality Doctoral dissertation. University of Groningen, 1983.

② Browne, Cudeck. Alternative ways of assessing model fit. In K. A. Bollen and J. S. Long , Testing structural equation models, Newbury Park, CA, 2001, pp. 136 - 162.

③ Nunnally. Psychometric theory, New York：McGraw - hill, 1994, p.217.

为自由参数的 5 倍即可①。Shumacker 认为应在 200－500 间比较合适②。如果从模型观察变量数来分析样本人数，则两者比例至少为 1：10 或 1：15。从可识别的角度来看，侯杰泰等学者认为每个因子最少应有三个指标，如果只有两个，这些因子要与其他因子有关，模型才可识别③。

本研究量表涉及变量 7 个，每个变量的指标至少有三个，调研获取的的样本数为 455，无论按照上述哪种观点认定的样本容量和指标数判断，都符合要求。

第三节　描述性统计分析

描述性统计是对样本数据的数学方式表述，将众多不同的数据提炼形成新的认识。一般主要对样本基本资料，包括被调查者人口特征，以及各变量数据的基本特征，包括平均数和标准差等进行描述。本研究运用统计软件 SPSS16.0 进行数据录入和分析。录入复核完毕后，对样本人口特征及所调查环城游憩特征进行了描述性统计分析，以了解样本基本情况并对样本的代表性进行评估。

一、样本人口及消费统计特征

（一）样本人口统计特征

被调查者的人口特征从性别、年龄、家庭结构、职业、学历及月收入六方面进行描述，结果如表 5－3 所示：男女比例相当，基本各占一半；年龄分布上在 18－24 岁（22.4%）、25－34 岁（33.2%）、35－44 岁（24.6%）三个年龄段分布较多，与我国目前居民出游年龄构成相似，其他各阶段的样本也都有一定比例；在家庭结构上，有孩子的与没有孩子的家庭样本各占一半，孩子未成年（36.0%）和孩子已成年（15.6%）的样本都有一定比例体现，能代表不同的家庭结构背景下样本的体验特征；在职业分布上，以专业技术人员（18.2%）、公司职员（20.4%）、政府人员（16.1%）及学生（14.1%）为主，能代表社会主要职业群体的特征；在学历上，样本主要是本科

① Bentler P M, Mooijaart A. "Choice of structural equation models via parsimony: A rational based on precision," Psychological Bulletin, No. 106, 1989, pp. 315－317.

② Shumacker R E, Lomax R G. A beginner's guide to structural equation modeling, Mahwah, NJ: Erlbaum Associates, 1996, p. 87.

③ 陈晓萍、徐淑英、樊景立：《组织与管理研究的实证方法》，北京：北京大学出版社 2010 年版，第 209－311 页。

（48.8%）、大专（25.5%）、研究生（16.7%），体现了国内主要工作群体学历水平；在月收入上，6000元以上占16.3%，6000元以下占83.7%，虽有高收入群体样本体现，但主要反映的是大众工作群体体验特征。总体而言，在人口特征体现上，样本具有一定的代表性。

表5-3 样本的人口特征

	数量	比率（%）		数量	比率（%）
性别			月收入		
男	213	46.8	2000元以下	115	25.3
女	242	53.2	2000-3999元	170	37.3
年龄			4000-5999元	96	21.1
不满18岁	10	2.2	6000-7999元	39	8.6
18-24岁	102	22.4	8000-9999元	14	3.1
25—34岁	151	33.2	10000-20000元	18	3.9
35-44岁	112	24.6	20000-50000元	3	0.7
45—60岁	45	9.9	50000元以上	0	0
大于60岁	35	7.7	家庭结构		
职业			未婚	161	35.4
政府人员（含事业人员）	73	16.1	已婚无子女	59	13.0
企业经理（含私营业主）	29	6.3	孩子未成年	164	36.0
专业技术人员*	82	18.2	孩子已成年	71	15.6
公司职员	93	20.4	学历		
离退休人员	47	10.3	小学	2	0.4
家庭主妇	17	3.7	初中	8	1.8
学生	64	14.1	高中或中专	31	6.8
军人	4	0.9	大专	116	25.5
自由职业者	39	8.6	本科	222	48.8
其他	7	1.5	研究生	76	16.7

＊注：职业类别中专业技术人员包括教师、律师、医生、护士、工程师、建筑师、会计师、演员等。

（二）样本环城游憩消费特征

环城游憩消费特征分析有助于了解样本体验背景，同时为后面分析不同消费特征的体验差异奠定基础。如表 5 - 4 所示：

表 5 - 4　样本体现的环城游憩消费特征

	数量	比率（%）		数量	比率（%）
游憩地影响力			出游的最主要原因		
非常著名	159	34.9	观赏风景	108	23.7
著名	192	42.2	休闲度假	193	42.4
一般	104	22.9	康体健身	40	8.8
游憩地类型			体验新鲜刺激活动	24	5.3
森林山地	121	26.6	探亲访友	10	2.2
滨水旅游地	56	12.3	教育孩子	5	1.1
乡村旅游地	68	14.9	会议或商务活动	21	4.6
温泉度假区	56	12.3	购土特产	1	0.2
户外拓展基地	16	3.5	了解文化	26	5.7
主题公园	38	8.4	培养团队精神	21	4.6
滑雪场	9	2.0	其他	6	1.3
漂流地	14	3.1	出游时间		
人文历史景观	66	14.5	周末	231	50.8
溶洞景观	11	2.4	小长假	76	16.7
印象最深的体验活动			黄金周	35	7.7
爬山	115	25.3	工作日	54	11.9
滨水休闲活动	57	12.5	寒暑假	34	7.5
农、渔家乐	54	11.9	年休假	25	5.5
泡温泉	56	12.3	出游方式		
亲自参与工艺过程	4	0.9	单位组织	114	25.1
拓展训练活动	24	5.3	自驾车	144	31.6
体验民俗风情	36	7.9	自己加入旅行社组团	55	12.1
滑雪	9	2.0	自己搭车	112	24.6

续表

	数量	比率（%）		数量	比率（%）
漂流	16	3.5	其他	30	6.6
景观欣赏	65	14.3	停留时间		
刺激的娱乐项目	19	4.2	当天返回	172	37.8
同行人			2 天	159	34.9
家庭成员	127	27.9	3 天	58	12.7
亲戚	17	3.7	4 天	33	7.3
同学朋友	148	32.5	更多	33	7.3
单位同事	124	27.3	人均消费		
会议同伴	12	2.6	100 元以下	78	17.1
其他	27	5.9	101－200 元	85	18.7
年出游次数			201－300 元	78	17.1
一次	81	17.8	301－500 元	71	15.6
二次	151	33.2	501－800 元	68	14.9
三次	89	19.6	800 元以上	75	16.5
四次	35	7.7|			
更多	99	21.8			

环城游憩地影响力"非常著名"、"著名"及"一般"的几乎各占 1/3，能代表环城游憩地的普遍特性；游憩地类型涵盖森林山地（26.6%）、乡村旅游地（14.9%）、人文历史景观（14.5%）、滨水旅游地（12.3%）及温泉度假区（12.3%），其他类型如主题公园、户外拓展基地、漂流地、滑雪场及溶洞景观等也都有体现，样本游憩地类型比较全面；体验活动有爬山（25.3%）、景观欣赏（14.3%）、滨水休闲活动（12.5%）、泡温泉（12.3%）及农渔家乐（11.9%），此外还有体验民俗风情、拓展训练活动以及刺激性的娱乐活动；同行人以同学朋友、家庭成员及单位同事居多；出游的各种原因也都涉及；出游时间以周末（50.8%）和小长假（16.7%）为主，再是工作日和黄金周，寒暑假及年休假；在出游方式上自行安排者占 56.2%，由单位或旅行社组织的占 37.2%；停留时间上当天返回（37.8%）及 2 天（34.9%）者居多，3 天及更长时间者有 27.3%；人均消费上六个不同档次样

本均有体现，比较均衡。总体而言，从环城游憩消费特征上判断，样本均有代表性。

二、问卷题项的描述性统计

本研究采用SPSS16.0统计软件，主要用均值和标准差来对量表题项进行描述统计，分析结果如表5-5所示：

表5-5　题项的描述性统计

测量变量	ID	均值	标准差
功能价值（Functional Value）	FV1	5.22	1.236
	FV2	4.98	1.242
	FV3	4.99	1.306
	FV4	5.04	1.297
	FV5	4.89	1.477
情境价值（Situational Value）	SV1	5.87	1.146
	SV2	5.26	1.341
	SV3	5.31	1.189
	SV4	5.33	1.300
情感价值（Emotional Value）	EMV1	5.82	1.129
	EMV2	5.71	1.208
	EMV3	5.82	1.186
	EMV4	5.54	1.274
	EMV5	5.64	1.254
	EMV6	5.42	1.356
认知价值（Epistemic Value）	EPV1	4.81	1.493
	EPV2	5.09	1.393
	EPV3	5.13	1.393
	EPV4	5.32	1.365
经济价值（Economic Value）	ECV1	5.42	1.370
	ECV2	5.58	1.173
	ECV3	5.47	1.234

续表

测量变量	ID	均值	标准差
游客满意度 （Tourist Satisfaction）	TS1	5.85	1.033
	TS2	5.58	1.111
	TS3	5.50	1.198
行为意向 （Behavioral Intention）	BI1	5.31	1.529
	BI2	5.31	1.423
	BI3	4.77	1.574
	BI4	4.77	1.600
	BI5	4.58	1.599

第四节 量表的信度和效度检验

进行 SEM 分析之前需对量表进行信度和效度分析，以检验量表的可靠性和测量的正确性，这也是两个衡量量表质量的重要方面①。根据前面章节对方法的介绍，本部分采用 Cronbach's 系数和组成合信度（Composite reliability）进行信度检验，采用因子分析和平均方差抽取量（Average variance extracted; AVE）进行效度检验。

一、信度检验

信度检验是描述观察变量对潜在变量表达的程度，判断量表的一致性和稳定性。在此先采用 Cronbach's 值进行分析，如表 5－6 所示，数据显示各题项相关系数（CITC）值都在 0.5 以上，量表总体和各变量 Cronbach's 值都在在 0.824—0.966 之间，根据吴明隆的观点，Cronbach's 大于 0.8 就达到较佳的信度水平②，说明量表的内部一致性很高，信度很好。

---

① Chin W. "Issues and opinion on structure equation modeling," MIS Quarterly, No. 22, 1998, pp. 7－11.

② 马庆国：《应用统计学—数理统计方法、数据获取与 SPSS 应用》，科学出版社 2006 年版，第 53－54 页。

表5-6 样本数据的信度分析

题 项		分项对总项的相关系数 CITC	删除该题项后的 Cronbach's 系数	Cronbach's 系数
问卷总体:	样本容量 CN = 455		题项数 = 30	0.966
功能价值 FV	FV1	0.657	0.851	0.869
	FV2	0.757	0.827	
	FV3	0.719	0.836	
	FV4	0.717	0.836	
	FV5	0.636	0.860	
情境价值 SV	SV1	0.691	0.812	0.851
	SV2	0.599	0.853	
	SV3	0.824	0.756	
	SV4	0.673	0.819	
情感价值 EMV	EMV1	0.831	0.927	0.939
	EMV2	0.787	0.932	
	EMV3	0.790	0.932	
	EMV4	0.823	0.928	
	EMV5	0.883	0.920	
	EMV6	0.807	0.930	
认知价值 EPV	EPV1	0.738	0.840	0.876
	EPV2	0.714	0.848	
	EPV3	0.792	0.818	
	EPV4	0.691	0.857	
经济价值 ECV	ECV1	0.588	0.860	0.824
	ECV2	0.756	0.689	
	ECV3	0.713	0.725	
游客满意度 TS	TS1	0.852	0.910	0.932
	TS2	0.886	0.880	
	TS3	0.851	0.912	

续表

题 项		分项对总项的相关系数 CITC	删除该题项后的 Cronbach's 系数	Cronbach's 系数
行为意向 BI	BI1	0.801	0.916	0.930
	BI2	0.784	0.920	
	BI3	0.847	0.907	
	BI4	0.801	0.916	
	BI5	0.844	0.908	

二、效度检验

本研究的量表是基于文献研究、游客深度访谈及专家咨询等方式生成，具有表面效度和内容效度，在此对结构效度进行检验。在探索性因子分析（EFA）基础上进行验证性因子分析（CFA），确定指标和变量之间的结构关系，再通过组合信度（CR）、平均方差抽取量（AVE），以及因子载荷分析聚合效度。

（一）探索性因子分析（EFA）

用 EFA 进行效度检验，按照 Bentler 和 Chou 的建议，假使变量的数目较多，应该把变量分成几个小组来做分析[①]，本研究采用 SPSS16.0 分别对体验价值、游客满意度及行为意向分别进行探索性因子分析。

1. 体验价值的 EFA 分析

研究先对体验价值的 22 个指标进行了 KMO 和 Bartlett's 检测，检验其是否适合做因子分析，结果如表 5 - 7 所示：该组数据 KMO 值为 0.933 大于 0.7，同时，Bartlett's 检验的 χ^2 统计值 p 的显著性概率是 0.000 小于 0.01，证明样本集中度好，数据之间具有相关性，说明适合做因子分析。

表 5 - 7　KMO 和 Bartlett's 检测

Kaiser – Meyer – Olkin Measure of Sampling Adequacy.		.937
Bartlett's Test of Sphericity	Approx. Chi – Square	7.820E3
	df	231
	Sig.	.000

---

① Bender P M, Chou C P. "Practical issues in structural modeling," Sociological Methods and Research, No.16, 1987, pp. 78 – 117.

然后采用方差最大化正交旋转（Varimax）标准化指标的载荷，抽取情感价值、认知价值、功能价值、情境价值及经济价值五个变量，如表5-8所示：

表5-8　正交旋转后的因子载荷矩阵

	Component				
	1	2	3	4	5
情感价值 EMV5	.826	.303	.246	.094	.155
情感价值 EMV3	.759	.161	.140	.280	.229
情感价值 EMV4	.755	.307	.239	.140	.187
情感价值 EMV6	.753	.382	.274	.074	.093
情感价值 EMV2	.751	.089	.191	.342	.205
情感价值 EMV1	.729	.216	.214	.354	.217
认知价值 EPV1	.108	.797	.250	.184	.155
认知价值 EPV3	.284	.753	.157	.193	.220
认知价值 EPV4	.322	.691	.103	.150	.230
认知价值 EPV2	.285	.670	.207	.047	.285
功能价值 FV2	.190	.152	.796	.218	.237
功能价值 FV3	.226	.204	.772	.137	.120
功能价值 FV1	.209	.072	.695	.307	.301
功能价值 FV4	.277	.419	.637	.140	.020
功能价值 FV5	.223	.505	.557	.173	-.085
情境价值 SV2	.149	.052	.232	.794	.160
情境价值 SV3	.288	.365	.336	.689	.113
情境价值 SV1	.424	.240	.133	.658	.114
情境价值 SV4	.301	.494	.286	.524	.020
经济价值 ECV2	.264	.186	.162	.105	.800
经济价值 ECV1	.121	.163	.106	.094	.793
经济价值 ECV3	.403	.351	.215	.204	.629

根据表5-8中数据可知，EFA分析的结果得到5个因子，总共解释了74.367%的数据信息，说明涵盖了原有测量指标的大部分信息。而且各因子的特征值均大于1，且各指标在所属因子上的载荷分布在0.524-0.826之间，都大于0.5的要求，说明各成分中的原始指标具有较显著的相关性。

2. 游客满意度的EFA分析

同样先对游客满意度的3个指标进行了KMO和Bartlett's检测，检验其是否适合做因子分析，结果如表5-9所示：该组数据KMO值为0.761大于0.7，同时，Bartlett's检验的 χ^2 统计值P的显著性概率是0.000小于0.01，证明样本集中度好，数据之间具有相关性，说明适合做因子分析。

表5-9 KMO 和 Bartlett's 检测

Kaiser – Meyer – Olkin Measure of Sampling Adequacy.		.761
Bartlett's Test of Sphericity	Approx. Chi – Square	1.146E3
	df	3
	Sig.	.000

采用方差最大化正交旋转（Varimax）标准化指标的载荷，如表5-10所示，因子分析的结果得到1个因子，总共解释了88.285%的数据信息，且各指标在此因子上的载荷都大于0.9，说明各指标具有较显著的相关性。

表5-10 正交旋转后的因子载荷矩阵

	Component
	1
游客满意度 TS2	.951
游客满意度 TS1	.935
游客满意度 TS3	.933

3. 行为意向的EFA分析

对行为意向的5个指标进行了KMO和Bartlett's检测，检验其是否适合做因子分析，结果如表5-11所示：该组数据KMO值为0.844大于0.7，同时，Bartlett's检验的 χ^2 统计值P的显著性概率是0.000小于0.01，证明样本集中度好，数据之间具有相关性，说明适合做因子分析。

表 5 − 11　KMO 和 Bartlett's 检测

Kaiser – Meyer – Olkin Measure of Sampling Adequacy.		.844
Bartlett's Test of Sphericity	Approx. Chi – Square	1.962E3
	df	10
	Sig.	.000

采用方差最大化正交旋转（Varimax）标准化指标的载荷，如表 5 − 12 所示，因子分析的结果得到 1 个因子，总共解释了 78.150% 的数据信息，且各指标在此因子上的载荷都大于 0.8，说明各指标具有较显著的相关性。

表 5 − 12　正交旋转后的因子载荷矩阵

	Component
	1
行为意向 BI3	.907
行为意向 BI5	.902
行为意向 BI1	.876
行为意向 BI4	.873
行为意向 BI2	.863

（二）验证性因子分析（CFA）

验证性因子分析（CFA）用于检验各测量变量可以构成潜在变量的程度，此部分将分别对功利类体验价值各维度、情绪类体验价值各维度以及游客满意度、行为意向进行聚合效度检验。

1. 功利类体验价值验证性因子分析

功利类体验价值由功能价值和经济价值两个维度构成，功能价值和经济价值分别由指标 FV1、FV2、FV3、FV4、FV5 和 ECV1、ECV2、ECV3 测量，指标是基于文献分析和深度访谈生成，在模型识别上符合三指标法则要求，其结构方程如图 5 −1 所示，因子载荷、组合信度 CR、平均方差抽取量 AVE 如表5 −13所示：

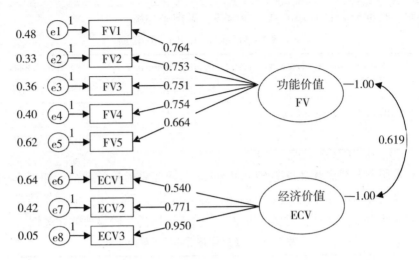

CMIN/DF = 2.003；RMSEA=0.047 ；GFI=0.987；CFI=0.994；TLI=0.986；PNFI=0.524 ；CN=455

图 5 - 1　功利类体验价值 CFA 模型

表 5 - 13　功利类体验价值验证性因子分析

变　　量	因子载荷 λ	组合信度 CR	平均方差抽取量 AVE
功能价值 FV		0.854	0.540
FV1	0.764 * * *		
FV2	0.753 * * *		
FV3	0.751 * * *		
FV4	0.754 * * *		
FV5	0.664 * * *		
经济价值 ECV		0.821	0.620
ECV1	0.540 * * *		
ECV2	0.771 * * *		
ECV3	0.950 * * *		
* * * 表示 P < 0.001 ，* * 表示 0.001 < P < 0.01 ，* 表示 0.01 < P < 0.05，NS 表示 P > 0.05			

如图 5 - 1 及表 5 - 13 所示，在模型的适配指标中，CMIN/DF = 2.003 < 3，RMSEA = 0.047，小于 0.05，达到理想标准；GFI = 0.987，CFI = 0.994，TLI

= 0.986，均超过了 0.9 的理想水平；PNFI = 0.524 > 0.5，样本数 CN = 455，这些都说明数据适配情况较好。由表 5 - 13 还可以看出，各题项的因子载荷均在 0.5 以上，并且在 0.01 显著性水平下通过检验，另外，两个构念的组合信度 CR 均大于 0.8，且平均方差抽取量 AVE 均大于 0.5 的判断标准，表明功利类体验价值 CFA 模型的聚合效度达到要求。

2. 情绪类体验价值内敛效度验证

情绪类体验价值由情境价值、情感价值及认知价值三个维度构成，情境价值、情感价值及认知价值分别由指标 SV1、SV2、SV3、SV4 与 EMV1、EMV2、EMV3、EMV4、EMV5、EMV6 及 EPV1、EPV2、EPV3、EPV4 测量，指标是基于文献分析和深度访谈生成，在模型识别上符合三指标法则要求，其结构方程如图 5 - 2 所示，因子载荷、组合信度 CR、平均方差抽取量 AVE 如表 5 - 14 所示：

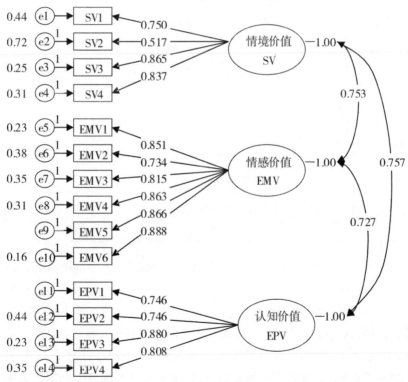

CMIN/DF = 2.913；RMSEA = 0.065；CFI = 0.978；GFI = 0.950；TLI = 0.966；PNFI = 0.617；CN = 455

图 5 - 2　情绪类体验价值 CFA 模型

表 5 – 14　情绪类体验价值验证性因子分析

变 量	因子载荷 λ	组合信度 CR	平均方差抽取量 AVE
情境价值 SV	0.854	0.600	
SV1	0.750 * * *		
SV2	0.517 * * *		
SV3	0.865 * * *		
SV4	0.837 * * *		
情感价值 EMV	0.932	0.700	
EMV1	0.851 * * *		
EMV2	0.734 * * *		
EMV3	0.815 * * *		
EMV4	0.863 * * *		
EMV5	0.866 * * *		
EMV6	0.888 * * *		
认知价值 EPV	0.873	0.634	
EPV1	0.746 * * *		
EPV2	0.746 * * *		
EPV3	0.880 * * *		
EPV4	0.808 * * *		
* * * 表示 P < 0.001，* * 表示 0.001 < P < 0.01，* 表示 0.01 < P < 0.05，NS 表示 P > 0.05			

　　如图 5 – 5 及表 5 – 14 所示，在模型的适配指标中，CMIN/DF = 2.913 < 3，RMSEA = 0.065，小于 0.08 的合理标准；GFI = 0.950，CFI = 0.978，TLI = 0.966，均超过了 0.9 的理想水平；PNFI = 0.617 > 0.5，样本数 CN = 455，这些都说明数据适配情况较好。由表 5 – 14 还可以看出，各题项的因子载荷均在 0.5 以上，并且在 0.01 显著性水平下通过检验，另外，三个构念的组合信度 CR 均大于 0.8，且平均方差抽取量 AVE 均大于 0.5 的判断标准，表明情绪类体验价值 CFA 模型的聚合效度达到要求。

　　3. 对游客满意度及行为意向的验证性因子分析

本研究既研究体验价值与游客满意度的关系，也研究体验价值与行为意向的关系，游客满意度是其中重要的中介变量，这两变量都关系游客消费态度和行为，所以将这两个变量作为一个大类来分析①，其结构方程如图 5－3 所示，因子载荷、组合信度 CR、平均方差抽取量 AVE 如表 5－15 所示：

表 5－15　游客满意度和行为意向的验证性因子分析

变　量	因子载荷 λ	组合信度 CR	平均方差抽取量 AVE
游客满意度 TS		0.928	0.811
TS1	0.87 * * *		
TS2	0.92 * * *		
TS3	0.91 * * *		
行为意向 BI		0.912	0.676
BI1	0.91 * * *		
BI2	0.90 * * *		
BI3	0.83 * * *		
BI4	0.71 * * *		
BI5	0.74 * * *		
* * * 表示 P < 0.001，* * 表示 0.001 < P < 0.01，* 表示 0.01 < P < 0.05，NS 表示 P > 0.05			

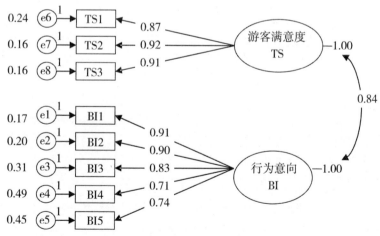

CMIN/DF =1.566; RMSEA=0.035; GFI=0.950; CFI=0.95; TLI=0.93; PNFI=0.64; CN=455

图 5－3　游客满意度和行为意向的 CFA 模型

---

① Bender P M, Chou C P. "Practical issues in structural modeling," Sociological Methods and Research, No. 16, 1987, pp. 78－117.

在模型的适配指标中，CMIN/DF = 1.566 < 2，RMSEA = 0.035，小于 0.05 的合理标准；GFI = 0.950，CFI = 0.95，TLI = 0.93，均超过了 0.9 的理想水平；PNFI = 0.64 > 0.5，样本数 CN = 455，这些都说明数据适配情况较好。从表 5 − 15 中验证性因子分析结果可以看出，游客满意度和行为意向各题项的因子载荷均在 0.7 以上，并且在 0.01 显著性水平下通过检验，两个变量的组合信度 CR 均大于 0.9，且平均方差抽取量 AVE 均大于 0.5 的判断标准，表明游客满意度和行为意向的 CFA 模型的聚合效度都达到要求。

　　（三）相关矩阵及 AVE 分析

　　相关分析是探讨变量间是否存在相互联系，本研究采用 Pearson 相关分析法测量，相关系数越大，则变量之间的相关程度越高。分析结果如表 5 − 16 所示，七个变量都在 0.01 的显著水平上相关，相关程度较高。

　　使用 AVE 考察模型判别效度，依据 Fornell 和吴明隆的观点 AVE 大于 0.5 的标准，并且各因子的平均方差抽取量 AVE 的平方根要大于交叉变量的相关系数（Inter − construct correlations）才符合判别效度的要求①。本研究 7 个变量的 AVE 及相关矩阵分析数据如表 5 − 16 所示，AVE 大于 0.5 的标准并且其平方根都大于交叉变量的相关系数。

表 5 − 16　相关矩阵及 AVE 分析

	功能价值	情境价值	情感价值	认知价值	经济价值	游客满意度	行为意向
功能价值	0.735						
情境价值	0.670＊＊	0.775					
情感价值	0.633＊＊	0.682＊＊	0.837				
认知价值	0.625＊＊	0.606＊＊	0.644＊＊	0.796			
经济价值	0.497＊＊	0.494＊＊	0.591＊＊	0.566＊＊	0.787		
游客满意度	0.648＊＊	0.679＊＊	0.818＊＊	0.651＊＊	0.706＊＊	0.901	
行为意向	0.615＊＊	0.592＊＊	0.667＊＊	0.625＊＊	0.556＊＊	0.740＊＊	0.822

　　注：＊＊表示在 0.01 的显著水平上相关；斜角加黑处为 AVE 的平方根，其他数据是各变量之间的相关系数。

---

① 马庆国：《应用统计学——数理统计方法、数据获取与 SPSS 应用》，科学出版社 2006 年版，第 53 − 54 页。

基于以上对 Cronbach`s 系数、组成合信度（CR）进行的信度分析，通过 EFA、CFA 因子分析及平均方差抽取量（AVE）进行的效度分析都显示：本研究的信度效度都较高。

第五节　体验价值的多层结构检验

此部分对体验价值一阶结构和二阶结构体系进行验证性因子分析的目的在于进一步验证第三章中构建的体验价值维度体系的结构合理性，若通过验证，在今后的研究中可根据需要选择一阶或二阶模型应用。

一、体验价值一阶结构验证

体验价值由功能价值、情境价值、情感价值、认知价值及经济价值五个维度构成，分别由指标 FV1、FV2、FV3、FV4、FV5 与 SV1、SV2、SV3、SV4 与 EMV1、EMV2、EMV3、EMV4、EMV5、EMV6 与 EPV1、EPV2、EPV3、EPV4 及 ECV1、ECV2、ECV3 测量，指标是基于文献分析和深度访谈生成，在模型识别上符合三指标法则要求，其结构方程如图 5-4 所示。

在模型的适配度指标中，CMIN/DF = 2.889 < 3；RMSEA = 0.065，小于 0.08 的合理标准；GFI = 0.904，CFI = 0.956，TLI = 0.944，均超过了 0.9 的理想水平；PNFI = 0.729 > 0.5，CN = 455，这些都说明数据适配情况较好。表中 22 个项目的因子荷载均在 0.5 以上，并且在 0.01 显著性水平下通过检验，结果显示：体验价值的五个维度功能价值、情境价值、情感价值、认知价值与经济价值五个变量内敛效度达到研究要求，因此认为体验价值一阶模型的整体适配效果良好。

二、体验价值二阶结构验证

根据前部分各变量间相关系数见表 5-16 分析，体验价值五各维度功能价值、情境价值、情感价值、认知价值及经济价值相关系数介于 0.494-0.682 之间，说明各维度间存在较高的相关性，因子数目多于 3 个，可以据此对二阶模型进行验证性因子分析。

二阶验证性因子分析结果如图 5-5 所示，各一阶因子在二阶因子上的标准化载荷均在 0.5 以上，并且在 0.01 显著性水平下通过检验；在模型的适配度指标中，CMIN/DF = 2.794 < 3；RMSEA = 0.063，小于 0.08 的合理标准；GFI = 0.903，CFI = 0.958，TLI = 0.947，均超过了 0.9 的理想水平；PNFI =

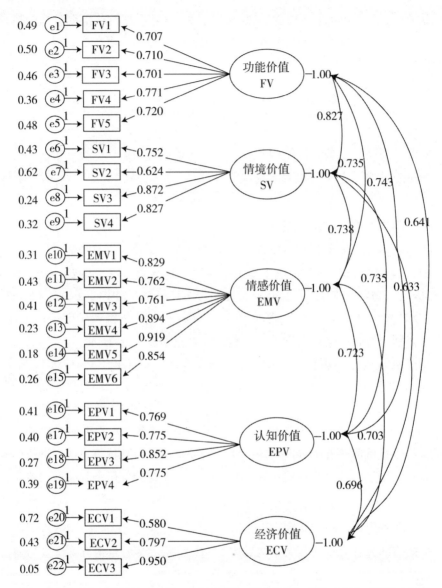

CMIN/DF=2.889；RMSEA=0.065；GFI=0.904；CFI=0.956；TLI=0.944；PNFI=0.729；

图5-4 体验价值一阶模型验证

0.742 > 0.5；CN = 455，这些都说明数据适配情况较好。结果显示：五个一阶变量功能价值、情境价值、情感价值、认知价值与经济价值显著地构成二阶变量体验价值，内敛效度也都达到研究要求，体验价值二阶模型结构合理，在今后研究中可根据需要进行二阶结构分析。

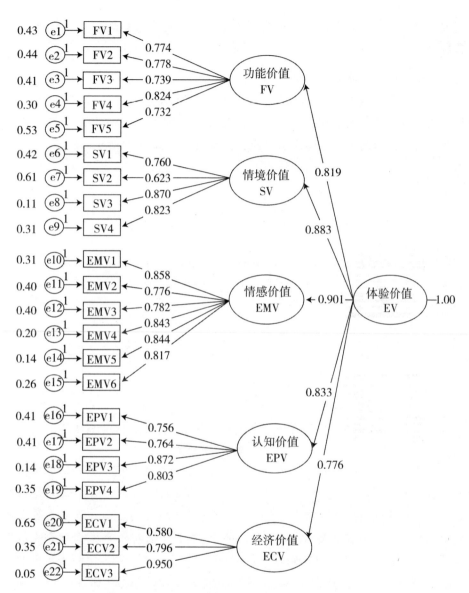

CMN/DF=2.749；RMSEA=0.063；GFI=0.903；GFI=0.958；TL1=0.947；PNF1=0.742；`

图 5-5 体验价值二阶模型验证

第六节 结构方程模型分析与假设检验

SEM 分析主要包括两部分：测量模型分析和结构模型分析，在前面信度和效度检验部分已对测量模型进行了验证，这节将进行结构模型分析并检验假设。

一、结构方程模型适配检验

本研究采用 AMOS17.0 软件运行分析，构建的结构方程模型中含有七个结构变量，其中功能价值和经济价值归属功利类体验价值，情境价值、情感价值及认知价值归属情绪类体验价值，模型主要路径如图 5－6 所示。

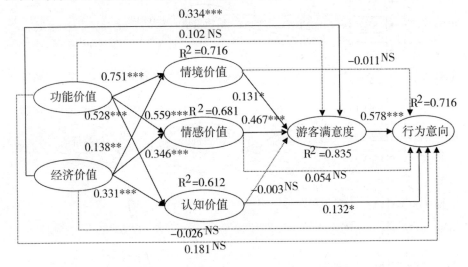

注：图中实线表示假设获得支持的路径，虚线表示假设没有被支持的路径。

图 5－6　结构方程模型

根据第四章第二节对结构方程方法的相关论述，本研究对模型适配检验的指标为：绝对适配度指数 NC（CMIN/DF）、RMSEA、GFI；增值适配度指数 CFI、TLI；简约适配度指数 PNFI、CN。前述吴明隆、侯杰泰、Browne 等学者的观点认为：卡方自由度 NC（CMIN/DF 或 $\chi 2/df$）值若介于 1－3 之间表示模型适配良好；渐进参差均方和平方根 RMSEA 值在 0.05－0.08 之间表示模型良好有合理适配，在 0.05 以下表示适配非常好；适配度指数 GFI 值一般判别的标准为大于 0.90 表示适配理想，大于 0.80 可以接受；增值适配度指数 CFI、非规准适配指标 TLI 判别标准均为 0.90 以上，越接近 1 表示模型适配度越好；简约调整后的规准适配指数 PNFI 值大于 0.50 作为模型适配度通过与否的标准；样本数 CN 一般认为应大于 200。

运行 AMOS17.0 软件对研究模型和实际数据进行适配检验，结果如表 5－17 所示：

表 5 – 17   模型适配检验结果

适配度指标	指标值	适配情况
绝对适配度指数		
NC（CMIN/DF）	2.522	适配良好
RMSEA	0.058	适配合理
GFI	0.876	适配合理
增值适配度指数		
CFI	0.954	适配理想
TLI	0.946	适配理想
简约适配度指数		
PNFI	0.784	适配良好
CN	455	样本数量符合要求

结果显示：结构方程模型卡方自由度 NC 值为 2.522，小于参考值要求 3；渐进参差均方和平方根 RMSEA 值为 0.058，小于参考值要求 0.08；适配度指数 GFI 值 0.876，大于 0.8 接近 0.9，在适配接受范围；增值适配度指数 CFI 为 0.954，大于理想要求 0.9；TLI 为 0.946 大于理想要求 0.9；简约适配度指数 PNFI 为 0.784，大于参考值要求 0.5；样本数 455，远大于 200 的要求。检验显示：各项指标适配达到要求，整体模型适配良好。

二、路径分析及假设检验

（一）路径分析

利用 AMOS17.0 软件运算得到结构模型路径系数和 R2 值，如图 5 – 6 所示。路径系数 β 反映了潜变量之间的关系和影响程度；R2 表示内潜变量被解释的程度，也反映了模型的预测能力，一般认为 R2 大于 0.3 就达到合理水平。模型内潜变量情境价值、情感价值、认知价值、游客满意度及行为意向的的解释度 R2 分别为 0.716、0.681、0.612、0.835 及 0.716，所有内潜变量的解释度 R2 都在 0.6 以上，充分说明这些变量被解释的程度非常高。

在结构方程建模中，临界比例（Critical Ratio；C.R.）是判别回归系数是否显著的标准，根据侯杰泰的观点，当 C.R. 的绝对值大于等于 1.96 时，即可认定为在显著性水平 0.05 下存在显著差异①。模型运行得到的标准化回归系数和方差参数估计如表 5 − 18 所示。

表 5 − 18　标准化回归系数和方差参数估计

假设路径	回归系数	标准化回归系数 β	S. E.	C. R.	p
体验价值各维度对游客满意度的直接正向影响					
H1a 功能价值—>游客满意度	.109	.102	.097	1.129	.259
H1b 经济价值—>游客满意度	.411	.334	.061	6.732	＊＊＊
H1c 情境价值—>游客满意度	.132	.131	.067	1.970	.049
H1d 情感价值—>游客满意度	.467	.467	.056	8.357	＊＊＊
H1e 认知价值—>游客满意度	−.002	−.003	.037	−.066	.948
游客满意度对行为意向的直接正向影响					
H2 游客满意度—>行为意向	.830	.578	.139	5.979	＊＊＊
体验价值各维度对行为意向的直接正向影响					
H3a 功能价值—>行为意向	.280	.181	.178	1.574	.115
H3b 经济价值—>行为意向	−.046	−.026	.108	−.421	.674
H3c 情境价值—>行为意向	−.018	−.011	.124	−.141	.888
H3d 情感价值—>行为意向	.077	.054	.116	.662	.508
H3e 认知价值—>行为意向	.153	.132	.066	2.311	.021
功利类体验价值对情绪类体验价值的直接正向影响					
H4a 功能价值—>情境价值	.736	.751	.072	10.177	＊＊＊
H4b 功能价值—>情感价值	.601	.559	.066	9.178	＊＊＊
H4c 功能价值—>认知价值	.704	.528	.084	8.336	＊＊＊
H5a 经济价值—>情境价值	.155	.138	.060	2.601	.009
H5b 经济价值—>情感价值	.427	.346	.068	6.240	＊＊＊
H5c 经济价值—>认知价值	.505	.331	.088	5.768	＊＊＊

注：P < 0.10（＋），P < 0.05（＊），P < 0.01（＊＊），P < 0.001（＊＊＊）。

---

① 陈晓萍，徐淑英，樊景立：《组织与管理研究的实证方法》，北京：北京大学出版社 2010 年版，第 209 − 311 页。

（二）假设检验

依据表 5 – 18 所列的标准化路径系数及 p 值，对研究提出的 17 项假设逐一检验，结果显示 11 项假设获得支持，6 项假设没有获得支持，具体如表 5 – 19 所示。

表 5 – 19　假设检验结果

假设		路径系数	p 值	检验结果
体验价值对游客满意度有直接的正向影响				
H1a	功能价值对游客满意度有直接的正向影响	0.102	0.259	不支持
H1b	经济价值对游客满意度有直接的正向影响	0.334	< 0.001	支持
H1c	情境价值对游客满意度有直接的正向影响	0.131	< 0.05	支持
H1d	情感价值对游客满意度有直接的正向影响	0.467	< 0.001	支持
H1e	认知价值对游客满意度有直接的正向影响	– 0.003	0.948	不支持
游客满意度对行为意向有直接的正向影响				
H2	游客满意度对行为意向有直接的正向影响	0.578	< 0.001	支持
体验价值对行为意向有直接的正向影响				
H3a	功能价值对行为意向有直接的正向影响	0.181	0.115	不支持
H3b	经济价值对行为意向有直接的正向影响	– 0.026	0.674	不支持
H3c	情境价值对行为意向有直接的正向影响	– 0.011	0.888	不支持
H3d	情感价值对行为意向有直接的正向影响	0.054	0.508	不支持
H3e	认知价值对行为意向有直接的正向影响	0.132	< 0.05	支持
功利类体验价值对情绪类体验价值有直接的正向影响				
H4a	功能价值对情境价值有直接的正向影响	0.751	< 0.001	支持
H4b	功能价值对情感价值有直接的正向影响	0.559	< 0.001	支持
H4c	功能价值对认知价值有直接的正向影响	0.528	< 0.001	支持
H5a	经济价值对情境价值有直接的正向影响	0.138	< 0.01	支持
H5b	经济价值对情感价值有直接的正向影响	0.331	< 0.001	支持
H5c	经济价值对认知价值有直接的正向影响	0.346	< 0.001	支持

三、中介效应检验

依据第四章第二节介绍温忠麟等学者提出的中介效应检验程序，对结构方程模型分析发现，经济价值直接对游客满意度产生直接影响，也可能还通过情境价值和情感价值影响游客满意度，但中介效应是否显著，仅依靠路径分析无法验证，因此有必要在 SEM 路径分析基础之上，再通过中介效应检验确定可能存在的中介作用。

情境价值在经济价值对游客满意度影响中的中介效应分析结果如表 5 – 20 所示：在不考虑其他因素影响下，经济价值对游客满意度既存在直接作用效应（$c' = 0.473$，$p < 0.001$），也存在中介效应（$a \times b = 0.208$，$p < 0.001$），中介效应占总效应的 30.9%。

表 5 – 20　情境价值的中介效应检验

路径	中介效应参数			中介效应所占比重
	路径系数	标准误	R^2	
经济价值→游客满意度（c）	0.681 * * *	0.032	0.499	
经济价值→情境价值（a）	0.472 * * *	0.039	0.244	30.9%
情境价值→游客满意度（b）	0.441 * * *	0.033	0.643	
经济价值→游客满意度（c'）	0.473 * * *	0.031		

注：1—中介效应占总效应之比为；$p = \hat{ab} / (\hat{c'} + \hat{ab})$；

2—双侧检验 * * * $p < 0.001$，* * $p < 0.01$

同理，情感价值在经济价值对游客满意度影响中的中介效应分析结果如表 5 – 21 所示：在不考虑其他因素影响下，经济价值对游客满意度既存在直接作用效应（$c' = 0.331$，$p < 0.001$），也存在中介效应（$a \times b = 0.350$，$p < 0.001$），中介效应占总效应的 51.4%。

表 5 – 21　情感价值的中介效应检验

路径	中介效应参数			中介效应所占比重
	路径系数	标准误	R^2	
经济价值→游客满意度（c））	0.681 * * *	0.032	0.499	
经济价值→情感价值（a））	0.590 * * *	0.038	0.349	51.4%
情感价值→游客满意度（b））	0.594 * * *	0.028	0.745	
经济价值→游客满意度（c'））	0.331 * * *	0.028		

注：1—中介效应占总效应之比为 $p = \hat{ab} / (\hat{c'} + \hat{ab})$；

2—双侧检验 * * * $p < 0.001$，* * $p < 0.01$。

由上述分析可知，经济价值既对游客满意度有直接影响，又通过情境价值和情感价值对游客满意度产生间接影响；此外，对比两者中介效应大小发现，虽然都具有中介作用，但通过情感价值产生的中介作用更大一些。

四、检验结果分析

（一）功利类体验价值对情绪类体验价值有直接正向影响

通过路径系数和 p 值显著性水平检验，功利类体验价值对情绪类体验价值有直接正向影响的六个假设 H4a、H4b、H4c、H5a、H5b 及 H5c 都成立，验证了体验价值内部具有层次作用。这一阶段的影响验证说明功利类体验价值是情绪类体验价值实现的基础，功能价值和经济价值的提高有利于情境价值、情感价值及认知价值提升。环城游憩地功能价值的主要体现在旅游项目设计合理、交通便利路况好、服务效率高、餐宿购物通讯等配套设施完善以及治安情况活动设施很安全等方面，经济价值的主要体现在出行时间交通精力等成本较低、花费合理及物有所值等方面。基础条件越完善，越能够使游客在精神享受中免受客观障碍干扰，游客才更有心思和精力去追求更高层次的体验价值：沉浸于游憩地营造的主题氛围、享受悠闲放松的快乐、在亲身参与各项体验活动中增长知识。

（二）体验价值各维度对游客满意度及行为意向的影响路径

在本书第五章第四节对结构方程模型中的七个结构变量做过相关分析，彼此之间的相关度都很高。在假设检验部分我们也验证了游客满意度直接正向影响着行为意向，而且路径系数 $\beta = 0.578$，$p < 0.001$，是行为意向非常重要的前因变量。体验价值对行为意向的影响过程中，游客满意度作为中介变量出现，各维度对游客满意度及行为意向的影响路径有所不同。情境价值、情感价值及认知价值这三种情绪类体验价值不仅自身影响着游客满意度和行为意向的产生，而且还为功能价值和经济价值这两种功利类体验价值提供中介作用。

1. 功能价值对游客满意度及行为意向的影响路径

功能价值对游客满意度和行为意向都没有直接影响（ p 值分别为 0.259 和 0.115），但功能价值直接显著影响情境价值（$\beta = 0.751$，$p < 0.001$）和情感价值（$\beta = 0.559$，$p < 0.001$），情境价值和情感价值又都直接显著影响着游客满意度（路径系数和 P 值分别为 $\beta = 0.131$，$p < 0.05$；$\beta = 0.467$，$p < 0.001$），因此情境价值和情感价值在功能价值对游客满意度影响过程中起着中介作用。功能价值对行为意向的影响路径有两种渠道：一种是通过情境价值和情感价值影响游客满意度，又进一步通过游客满意度影响行为意向；另一种是通过影响认知价值（$\beta = 0.528$，$p < 0.001$），再通过认知价值进一步影响行为意向（$\beta = 0.132$，$p < 0.05$）。

由上可以总结出，尽管功能价值对游客满意度和行为意向均没有直接正向影响（分别对应假设 H1a、H3a 不成立），但一方面通过情境价值和情感价值影响游客满意度，进而影响行为意向；另一方面通过认知价值影响行为意向。

2. 经济价值对游客满意度及行为意向的影响路径

经济价值对游客满意度既有直接影响（$\beta = 0.334$，$p < 0.001$），又在 5.6.3 中介效应分析部分验证了通过情境价值和情感价值对游客满意度有间接影响。经济价值对行为意向没有直接影响（$p = 0.674$），但通过三种渠道对行为意向产生间接影响：第一种是直接影响游客满意度，再通过游客满意度影响行为意向；第二种是通过情境价值和情感价值间接影响游客满意度，又进一步通过游客满意度影响行为意向；第三种是通过影响认知价值（$\beta = 0.331$，$p < 0.001$），再通过认知价值进一步影响行为意向。

由上可以总结出，一方面经济价值对游客满意度既有直接正向影响（即假设 H1b 获得支持），又通过情境价值和情感价值对游客满意度产生间接影响；另一方面，尽管经济价值对行为意向没有直接正向影响（即假设 H3b 没获得支持），但可以通过上述三种渠道对行为意向产生间接影响。

3. 情境价值对游客满意度及行为意向的影响路径

一方面，假设 H1c 获得支持（$\beta = 0.131$，$p < 0.05$），表明情境价值直接影响着游客满意度。情境价值主要体现在景色怡人、氛围清静和谐、主题特色鲜明有吸引力及工作人员态度热情友好等方面，游憩地的主题氛围等决定着游客能否实现远离喧嚣、悠闲放松的初衷，情境价值评价越好，游客满意度越高。另一方面，假设 H3c 没有获得支持（$p = 0.888$），表明情境价值对行为意向没有直接影响，但可以通过游客满意度对行为意向产生间接影响。

4. 情感价值对游客满意度及行为意向的影响路径

假设 H1d 获得支持（$\beta = 0.467$，$p < 0.001$），表明情感价值直接影响游客满意度。情感价值的主要体现有新鲜感、快乐感、舒适感、遁世感以及感情融洽、美好回忆等感受，这些都是旅游体验追求的最高境界，情感价值体验越深刻，游客满意度越高。但情感价值对行为意向没有直接影响（假设 H3d 的 $p = 0.508$，没得到支持），但可以通过游客满意度对行为意向产生间接影响。

5. 认知价值对游客满意度及行为意向的影响路径

认知价值对游客满意度没有影响（$p = 0.948$），假设 H1e：认知价值对游客满意度有直接的正向影响不成立，也没有间接影响渠道；但认知价值却直接影响着行为意向（$\beta = 0.132$，$p < 0.05$），假设 H3e：认知价值对行为意向有直

接的正向影响获得支持。由此可见，认知价值这个体验价值维度对行为意向的影响路径与其他维度并不相同，因而，有必要对此作进一步分析解释。认知价值的主要指游客在游憩体验中学习知识、了解技能、开阔视野等方面的收获。环城游憩地的规划设计应扬长避短，对有特色的自然人文景观开发观光旅游，对自然资源较普通的游憩地应打造参与体验型项目，如主题文化园、乡村劳作体验等，让游客在互动体验中增长知识。目前有些环城游憩地已经这样做了，但还处于初步发展阶段，有些文化创意旅游、农家乐等项目的开发还不完善，游客体验过程中可能觉得还不够尽兴，或者有些项目为了突出文化主题，教育宣传形式到位，但体验参与吸引力不够，诸如此类可能存在很多原因让游客虽还感觉不太满意，但认为这种游憩活动对成人或孩子很有意义，值得再来或者值得推荐给亲友，这种状况下认知价值就会在满意度之前直接影响行为意向。

五、"体验价值—游客满意度—行为意向"模型（TEVSB）确立

基于上述检验结果，将结构方程模型中影响不显著的路径隐去，确立"体验价值—游客满意度—行为意向"模型（TEVSB）。体验价值维度分为功利类体验价值与情绪类体验价值两大类，功利类体验价值包括功能价值与经济价值两个维度，情绪类体验价值包括情境价值、情感价值与认知价值三个维度。功利类体验价值对情绪类体验价值具有直接正向作用关系，情绪类体验价值承担着功利类体验价值对游客满意度及行为意向影响的中介作用。五个体验价值维度对游客满意度及行为意向的直接或间接作用关系在第五章第六节已做了论述，如图 5 – 7 所示。

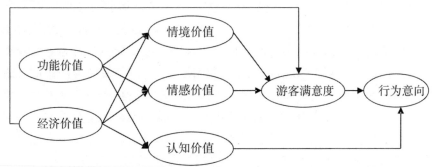

图 5 – 7　体验价值—游客满意度—行为意向模型（TEVSB）

此模型基于环城游憩的实证研究提出并验证，还将在其他旅游类型研究中进行验证。"体验价值—游客满意度—行为意向"模型（TEVSB）将为环城游憩及其他旅游开发管理决策提供理论指导。

第七节　研究结论

通过上述实证研究，验证了"体验价值－游客满意度－行为意向"模型（TEVSB），揭示了环城游憩体验价值与游客满意度及行为意向之间的作用机制：功利类体验价值直接正向影响情绪类体验价值；体验价值有四个维度即功能价值、经济价值、情境价值及情感价值直接或间接影响游客满意度进而正向影响行为意向；体验价值还有一个维度及认知价值对游客满意度没有影响但却直接正向影响行为意向。

这个过程中有三个环节的作用凸现，构成了相互嵌套的作用机制：一是体验价值内部的层次作用；二是游客满意度的重要中介作用；三是认知价值的直接作用。

一、体验价值内部具有层次作用

基于需要层次理论和认知评价理论，研究在构建环城游憩体验价值两大类五维度体系基础上，尝试将在结构方程模型构建中提出功利类体验价值对情绪类体验价值具有直接正向影响，最终验证验证了体验价值内部具有层次作用，情绪类体验价值是影响作用产生的更主要推力。

通过路径分析发现情绪类体验价值在功利类体验价值对游客满意度和行为意向的影响过程中具有重要的中介作用：功能价值对游客满意度和行为意向都没有直接影响，需要通过情境价值、情感价值及认知价值间接影响游客满意度和行为意向，同时功能价值对这三个情绪类体验价值的影响力非常大，说明功能价值是情绪类体验价值重要的前因变量，功能价值是情境价值、情境价值及认知价值实现的重要基础保障。经济价值对行为意向没有直接影响，但强烈影响着情境价值、情感价值、认知价值及游客满意度，进而间接影响行为意向。经济价值既对游客满意度产生直接影响，又通过情境价值和情感价值对游客满意度产生间接影响，直接影响和间接影响并存。经济价值对游客满意度作用机制的实践意义在于，环城游憩地开发中不能仅考虑经济价值来提高游客满意度，这样会忽视旅游产品质量出现价格恶性竞争，还要考虑游客情境价值和情感价值的创造，因为这也是经济价值影响游客满意度的两条重要渠道。

体验价值内部的层次作用在游客满意度和行为意向的形成过程中体现的非常充分，这一观点的论证凸现了情绪类体验价值的重要地位，情绪类体验价值不仅自身强烈影响着游客满意度和行为意向，而且传递着功利类体验价值对游客满意度及行为意向的重要影响。在实践应用上也获得启示，仅仅注重功能价值和和经济价值的打造远远不够，必须重视情境价值、情感价值及认知价值的创造，这是影响到游客满意度和行为意向的更重要因素。以此结论审视现阶段环城游憩地的开发与管理，就不难理解为什么游客满意度不高、行为意向不强？因为很多环城游憩地的开发设计重点还只是停留在功能建设这一步，没有更多人性化的考虑游客情绪的需求，并且在经营上多注重价格竞争，体验营销的设计不到位，还需在发展中大力提升情绪类体验价值。功能价值和经济价值是基础，为情境价值、情感价值及认知价值的提升创造条件，再加上绝妙的主题创意、富有吸引力的互动体验，才能使游客产生难以忘怀的体验价值。

二、游客满意度的重要中介作用

在理论基础部分的分析获知，顾客满意是体验价值与行为意向或顾客忠诚之间重要的中介变量，而在旅游研究领域对游客满意度在体验价值对行为意向影响中的作用探讨相对比较薄弱。在体验价值对行为意向的作用机制研究中，本书基于顾客满意理论和期望价值理论，引入游客满意度作为体验价值与行为意向的中介变量进行探讨。研究结果显示，环城游憩体验价值五个维度中有四个都必须通过游客满意度才能影响行为意向（还有一个维度直接影响行为意向），同时游客满意度也被验证是行为意向非常重要的前因变量，可见体验价值对行为意向的影响过程中存在游客满意度的重要作用，功能价值、情境价值、情感价值及经济价值对行为意向的影响都必须通过游客满意度这个桥梁才能实现。有些学者在没有考虑中介变量的前提下提出并验证体验价值对行为意向具有直接正向影响的观点与本研究也无相悖，本研究结论恰好从另一角度说明游客忠诚形成过程中存在以前没有被关注的游客满意度这个重要中介作用。

这一结论对于环城游憩地营销战略的制定具有重要的指导意义，实施游客满意度战略（TS战略）对于增强游后积极的行为意向、培养忠诚游客，进而提升环城游憩地的竞争力作用不言而喻。游客满意度的测评不仅可以考虑总体满意度，更可以从体验价值视角进行各项具体满意度指标的确立。从前一节分析获知，体验价值各维度对游客满意度的影响力由大到小依次为情感价值、经济价值、情境价值及功能价值，情感价值这一非常重要但目前被忽视的体验价值地位凸现，这也是今后应该重点考虑的方面。科学系统把握环城游憩地游客感知满意程度，才能为有针对性制定竞争力提升策略提供依据。

三、认知价值的直接作用

在研究中也发现一个很有趣的结论：体验价值维度之一的认知价值对游客满意度没有直接影响，但却直接影响游客行为意向。这一维度的对行为意向的影响与其他维度不同，在检验结果中作者分析了这种结果产生的现实原因：可能出于游憩地教育或其他意义巨大使游客重游或推荐，但目前的设计打造还存在很多游客不满的方面，在这种情况下会产生认知价值在游客满意度之前影响行为意向。在理论研究中，先前有学者也在实证研究中发现体验价值不通过游客满意度而是直接影响行为意向，本研究详细探讨体验价值内部构成维度分别对游客满意度和行为意向的影响，所得到认知价值的影响路径也验证了这些学者的观点。这一结论和其他维度通过游客满意度产生影响的结论共同完整体现了体验价值对行为意向影响的复杂过程。

认知价值对行为意向具有直接作用这一结论为环城游憩地的开发提供了新的视角，打造能提升游客认知价值的旅游项目，能够直接增强游客行为意向，成为忠诚顾客。针对不同的顾客群体设计有吸引力的项目，通过体验能够了解文化、增长见识、学习技能，让游客感觉在游乐中还有知识收获，如果这些活动或交流价值对游客而言还有独特的意义，那么对忠诚游客的培育更是推波助澜。这一理论是环城游憩地创意规划和营销推广的重要指导。

四、控制变量的影响

本研究采用SPSS16.0的线性回归对年龄、家庭结构、学历及月收入四个控制变量的影响进行检验。研究解释显示，在0.05显著性水平下，只有学历（$\beta = -0.099$，$T = -1.983$）对游客满意度具有负向影响。这说明在一次同质的环城游憩中，随着学历的提高，游客满意度呈递减状态。进一步在0.05显著性水平下发现，学历（$\beta = -0.172$，$T = -3.508$）和月收入（$\beta = 0.173$，$T = 3.171$）对游憩的行为意向具有显著影响，学历的提高对行为意向的影响也为负向，而月收入的增长则正向影响行为意向，随着月收入的增加，正向行为意向的产生呈递增状态。年龄和家庭结构的变化对游客满意度和行为意向都没有显著影响。

第八节　本章小结

本章针对第四章提出的环城游憩体验价值与游客满意度及行为意向之间关系的假设模型进行了实证研究。通过信度、效度检验和结构方程路径，对假设进行检验，所提出的 17 个理论假设有 11 个得到支持，6 个不被支持。研究验证了"体验价值–游客满意度–行为意向"模型（TEVSB），揭示了体验价值对游客满意度及行为意向的作用机制。影响过程中有三个环节的作用凸现，构成了相互嵌套的作用机制：一是体验价值内部的层次作用；二是游客满意度的重要中介作用；三是认知价值的直接作用。这些研究结论将为实际管理决策提供理论基础。

第六章

环城游憩行为有什么特征

本部分将基于第五章问卷调查获取的 455 份环城游憩调研样本，分析环城游憩行为特征，并进一步研究环城游憩行为发展的影响因素。

第一节　环城游憩行为特征

环城游憩出游特征主要针对游客的出游原因、出游方式、出游时间、体验项目、及旅游顾虑等方面进行分析。

一、出游原因

调查结果显示，环城游憩游客出游原因中最为主要的是休闲度假（42.4%），其次是观赏风景（23.7%），其他原因也都有不同程度体现，如图 6 - 1 所示。出游原因以休闲度假为主充分体现了第三章分析环城游憩消费心

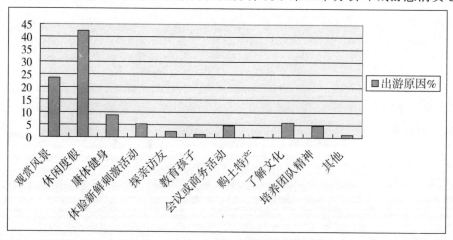

图 6 - 1　出游原因

理中的远离喧嚣、放松心情。随着人们旅游阅历的丰富，出游已由最初的追求

到此一游式观光转变为感受彻底放松的休闲，游客不喜欢疲于赶路，向往从容自在，"白天看庙，晚上睡觉，白天疲劳，夜晚无聊"的单调旅程不再有市场，丰富多彩、动静相宜的体验成为游客的期盼。据此，打造高品质的休闲度假产品，令游客在忘我的尽情体验中放松心情，是环城游憩今后发展的重点。

二、出游方式

调查结果显示，在出游方式上，自行安排者（包括自驾车和自己搭车两种方式）共占56%，其中自驾车出游占了31%。数据说明环城游憩的散客旅游市场很大，相关管理者应在交通车辆便利性、道路建设、牌示系统及自助游其他配套设施方面给予尽可能多的细致、人性化安排，这是吸引更多散客旅游者的重要条件。

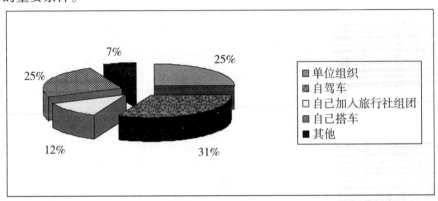

图6-2 出游方式

三、出游时间、频次

调查结果显示，在出游时间上，以周末（50.8%）和小长假（16.7%）为主，再是工作日和黄金周，寒暑假和年休假也有体现；在出游频次上，游客年出游次数在2次及以上者占82.2%，说明环城游憩已被人们接受为一种经常性的出游行为；在停留时间上，当天返回（37.8%）及2天（34.9%）者居多，3天及更长时间者只有27.3%，数据显示出环城游憩行为的短时停留特征。这种特征形成原因之一是游憩地距离近，来去方便，适合周末或小长假等短时间休假出游，另一种原因也可能是游客认为目前的环城游憩地没什么可以令人长时间逗留的吸引物，不值得长时间停留。环城游憩地的发展定位不能只是城市居民出来转一圈换换空气就回去的地方，而应该是让城市居民感觉流连忘返的度假地，真正成为"城市后花园"，那么，增强度假吸引力应该是环城游憩发展努力的方向。

四、体验活动

调查结果显示，游客印象最深的环城游憩体验活动依次为：爬山（25.3%）、景观欣赏（14.3%）、滨水休闲活动（12.5%）、泡温泉（12.3%）及农渔家乐（11.9%），此外还有体验民俗风情、拓展训练活动以及刺激性的娱乐活动；被问及若有机会再次出游最感兴趣的体验活动依次为：农渔家乐（23.3%）、爬山（18%）、滨水休闲（16.3%）、泡温泉（10.9%）以及体验民俗活动、参与工艺过程及拓展训练活动等，如图6-3所示。

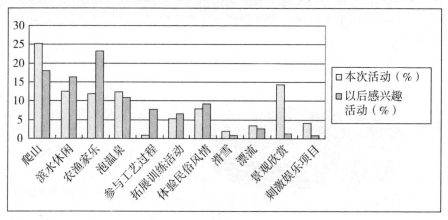

图6-3 环城游憩体验活动

将这两个问题的回答进行对比发现：环城游憩游客最感兴趣的体验活动——"农渔家乐"在目前印象深刻活动中比例却靠后；目前印象深刻的"景观欣赏"却并不是游客今后最感兴趣的活动；游客很感兴趣但目前体验印象不太深刻的活动还有"参与工艺过程"；其他休闲类活动项目的两者比例较相似。这个结果反映出的环城游憩行为特征之一是游客偏爱悠闲、参与性强的体验活动，如"农渔家乐"、"参与工艺过程"等，但目前这类项目可能在创意设计、情境营造或服务管理等方面还不够到位，对游客的吸引力还不太强，体验后留下的印象就不够深刻。从另一角度也说明，在进一步发展中这些类型活动具有很大市场空间，应在环城游憩规划中对情境渲染、互动参与等活动方面深入挖掘，设计开发出丰富多彩、生动有趣的体验项目。

五、信息途径

如图6-4所示，在所列的信息获取渠道中，上网比例最高，在旅游营销中，我们要注重网上信息的真实有吸引力，同时重视网络营销；亲友推荐和报纸所占比例分别是 39.5%、36.5%，反映了口碑效应在旅游营销推广中的良好作用，管理中应注重提高服务质量，提高游客的满意度；电视宣传比重位居第四，说明人们还是比较注重传统的传播模式，对电视宣传的关注度比较高，同时电视宣传的更具信服力。环城游憩的景点应当与相关媒体保持合作关系，并借助各种宣讲会提高景点的知名度。

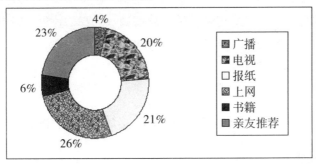

图 6 - 4　信息途径

六、旅游顾虑

如图 6 - 5 所示，城市居民最担心的是交通紧张，城市中的交通拥挤，一般环城游憩都居民都是想在周边寻找自己的一份安静空间，城市居民工作时间紧，除了节假日，只有一两天的闲暇时间，所以比较珍贵，如果在交通上浪费时间很不值得。

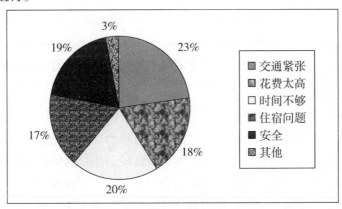

图 6 - 5　旅游顾虑

通过马斯洛需求理论，我们知道不同的人群出门外出目的不同，我们可以发现人们在交通，时间，安全，花费，食宿的比例相差不大，人们很担心自己的旅程不够圆满，所以旅行社要在这方面加大力度宣传，把其可以替游客安排游程并且安全放心的优势凸显出来，还要适当开发自己的个性旅游，在解除游客各方面需求的同时，提高满意度。

综上所述，我们建设的环城游憩的旅游项目要考虑观光型开发，也要注重参与体验互动型开发，争取打造度假休闲产品，延长游客停留时间；在旅游信息传播中，要重视网络营销的建设和及时更新，注重旅游口碑效应，努力提高旅游服务的满意度，报纸和电视要突出旅游独一无二的特色以吸引游客；针对游客的旅游顾虑，旅行社要多设计适合环城游憩的行程，建立专门的交流渠道，让人们放心出门旅游。

第二节　环城游憩行为发展的影响因素

一、资源赋存

资源赋存是环城游憩行为发展的基础条件。在发展初始阶段，知名度高、自然条件优越的资源首先得到开发，早期出现的环城游憩地多是具有较高历史文化价值的人文景观以及知名度高的自然景观。在由资源导向发展到市场、形象导向之后，虽然资源赋存不再是环城游憩地开发的唯一决定因素，但资源赋存状况会影响环城游憩行为的发展方向。森林覆盖率较高区域可开发森林度假、水体质量好的区域可开发滨水休闲活动、山壁陡峭区域可开发探险运动，人工娱乐游憩地在建设中还要注意营造优美的自然环境，资源环境的改变如鸟类迁徙、山林破坏等也会影响环城游憩功能的实现。环城游憩地发展初期依赖资源赋存状况，发展演变中还会受资源赋存状况的影响，要注意保护资源、合理开发利用资源，实现可持续发展。

二、人口集聚

城市化进程是环城游憩行为发展的客观推动力。城市化进程往往伴随着经济、人口、信息、交通、通讯等的聚集，对环城游憩带的形成与发展产生诸多方面影响。在人口过多的中国，城市化必然带来人口向城市聚集，城市旅游的发展又使城市成为旅游目的地吸引着大量旅游者的进入。城市人口不断增长而绿地空间有限的局面，自然休闲场地的有限制约了城市居民的户外活动，加之城市聚集化导致的都市的喧嚣、环境的恶化，这都促使城市居民选择城市以外的旅游地以放松心情。城市郊野生态环境好、视野开阔、空气清新，有江河湖泊、绿草森林、风景名胜、田园风光、农家生活等这些市区缺乏而又是人们心驰神往的环境，强烈地吸引着城市居民奔向郊野，成为环城游憩地充足稳定的客源市场。

三、经济发展

城市经济的发展带来竞争的加剧、社会分工的细化，人们的工作压力增大、工作内容枯燥单调，人们认识到旅游应该成为生活中不可缺少的调剂，收入的增加、消费能力的增强、带薪假期的增多又为人们提供了条件，出游逐渐成为一种生活方式，城市经济增长快的地区环城旅游需求增多，环城游憩发展也更迅速。城市经济发展步伐决定了出游者的经济承受能力，居民收入水平提高带来生活方式的改变，也推动着环城游憩行为的发展。随着私家车普及率的不断上升，自驾车旅游成为旅游新潮流，这对环城游憩地的交通可进入性和相应设施配备提出要求。经济发展带来的高速公路的发展、特快旅游列车的开通、电讯交流的便捷，又为环城游憩的发展创造了条件。随着交通可达性的延伸、城市间互动关系的增强，环城游憩范围也将逐步外张，为城市居民提供更广阔的休闲空间。

四、消费观念的改变

居民消费观念的改变是环城游憩行为形成与发展的内在决定因素。居民环城游憩行为与环城游憩带之间是一种需求与供给的关系，环城游憩行为的演变体现着市场需求的变化，直接影响与决定环城游憩带的形成与发展。日益加快的工作节奏使人们产生忙里偷闲、出游放松的欲望，都市居民追求多样生活体验的态度推动人们走出常住地，感受田园野趣。在经历了指向名山大川或古迹胜地走马观花似的的观光游览后，人们开始享受阳光碧水边悠闲自在的度假时光，出游目的开始由观光游览向休闲度假过渡。现阶段的消费水平与有限的休假时间制约了大多数出游者频繁选择远距离的度假地，距离近交通花费较少，与日常生活环境不同的环城游憩带优势凸现，加之郊野旅游项目吸引力逐步增大，使人们在环城游憩中可领略到山川田野的自然美，也可参与休闲娱乐的多种项目，在有限的休假时间里最大限度的体验游乐之趣，环城游憩行为快速发展起来。

五、营销推介宣传

有效的营销行为是环城游憩行为快速发展的推进剂。市场经济决定了产品竞争地位的确立离不开营销推广，环城游憩的快速发展依赖有效的营销战略提高知名度和客游量。营销战略包括形象战略、品牌战略、产品战略和内部促销战略，具体的营销行为包括环城游憩地的自我推介、所在地区组织的形象宣传以及依托客源地旅行社的线路推广等。有的环城游憩景区和所在地旅游管理部门在当地大力发展旅游业的背景下积极对外联系，通过广告、博览会及与组团旅行社合作等形式进行营销推广，市场占有率得到大幅提高；而有的旅游地资源条件很好，但缺乏有效的营销措施，得不到客源市场的认知，发展非常缓慢，游憩地的竞争力差距逐渐拉大。环城游憩景观类型多样、产品特色突出，适宜休闲度假，有着广阔的客源市场前景，不仅依托城市的居民是环城旅游地的主要目标市场，城市的流动人口和旅游者以及日益富裕并不断追求高品质文化生活的乡村居民均将是环城旅游的巨大市场。环城游憩发展离不开媒体推介这个驱动力，紧靠自我宣传的拉式营销策略还不够，只有配合客源地市场旅游组团渠道的推式策略，借之进行通畅的信息反馈，从而不断完善实现飞速发展。

第三节　本章小结

本章在问卷调查基础上，归纳总结出环城游憩出游原因、出游方式、出游时间、体验活动、信息途径及旅游顾虑等方面特征，并进一步分析了环城游憩行为发展的五个影响因素为资源赋存、人口集聚、经济发展、消费观念的改变及营销推介宣传。

第七章

哪些环城游憩消费类型的体验价值较高

不同的体验活动、不同的出游时间等各种环城游憩消费类型在游客体验价值感知上有何差异？这些差异体现出什么特征？深入分析这种感知差异特征有利于制定科学合理的管理策略。

第一节　不同消费类型的游客体验价值差异显著性分析

环城游憩消费类型涉及到的方面有游憩地类型、体验活动、出游原因、出游时间、出游方式、停留时间、同行人、人均消费及年频次，采用 SPSS16.0 统计软件首先通过单因素方差分析（ANOVA）对这些消费类型在体验价值五个维度上的均值差异显著性进行分析，检验结果如表 7-1 所示。

表 7-1　不同消费类型体验差异显著性分析

	游憩地类型		体验活动		出游原因		出游时间		出游方式	
	F	Sig	F	Sig	F	Sig	F	Sig	F	Sig
功能价值	.656	.748	1.491	.140	1.455	.154	2.615	.024	1.589	.176
情境价值	2.621	.006	2.995	.001	.824	.605	3.957	.002	.766	.548
情感价值	1.120	.346	1.005	.438	1.705	.077	3.380	.005	.481	.750
认知价值	3.137	.001	3.662	.000	1.016	.429	2.791	.017	1.261	.285
经济价值	2.281	.017	1.565	.114	1.484	.142	2.835	.016	1.139	.338

（续表）表7－1　不同消费类型体验差异显著性分析

	停留时间		同行人		人均消费		年频次	
	F	Sig	F	Sig	F	Sig	F	Sig
功能价值	3.417	.009	1.216	.301	2.930	.013	.174	.952
情境价值	4.883	.001	1.317	.255	4.199	.001	.732	.571
情感价值	4.327	.002	2.206	.053	3.163	.008	1.564	.183
认知价值	3.034	.017	.621	.684	2.315	.043	1.159	.328
经济价值	1.925	.105	.791	.557	2.900	.014	5.920	.000

通过数据分析可知：出游时间、停留时间及人均消费三个方面在体验价值维度上的差异在 $p < 0.05$ 的水平下多具有显著性；不同的游憩地类型在情境价值、认知价值和经济价值上差异显著；不同体验活动在情境价值和认知价值上差异显著。以此结果为基础，作者还将进一步通过聚类分析区分体验价值水平，了解不同感知水平在消费类型上的分布特征。

第二节　聚类分析

依据第五章的实证研究结论获知，情绪类体验价值不仅对游客满意度和行为意向有影响，还承担着功利类体验价值对游客满意度和行为意向的中介作用，而且在第三章分析中还探讨了情绪类体验价值的个体差异性较大，在第六章第二节第一部分不同消费类型的游客体验价值差异显著性分析中情绪类体验价值体现出的差异也较显著，因此，这里选择对情绪类体验价值三个维度情境价值、情感价值及认知价值进行聚类分析归纳体验价值水平类型。

根据 Hair 等学者的建议，本研究采用 SPSS 的分层聚类（Hierarchical）、K－Mean 计算及判别分析（Discriminant）验证来完成聚类分析所需的聚类划分、解释以及验证三个步骤①。

一、分层聚类（Hierarchical）

分层聚类（Hierarchical）是通过创建一个层次来分解给定的数据集②，本

---

① Hair J, Anderson R, Tatham R, et al. Multivariate data analysis. Seventh Edition, NJ: Prentice Hall, 2009, pp. 478－483.

② 张文彤：《SPSS11 统计分析教程（高级篇）》，北京：北京希望电子出版社 2002 年版，p. 178。

研究首先采用均值计算情境价值、情感价值及认知价值的分值，再用欧式距离平方（Squared Euclidean distance）距离测度方法进行分层聚类分析。

如表 7 – 2 所示，聚类数从第 6 类开始到第 1 类，凝聚系数快速从 7.18 提高到 27.441，再对凝聚系数改变量以及改变率进行计算，发现第 4 类、第 3 类和第 2 类之间的改变率呈倒"U"形，说明"3 类"将成为最佳聚类数。

表 7 – 2　分层聚类的凝聚系数分析

聚类数	凝聚系数	凝聚系数改变量	凝聚系数改变率（%）
6	7.18	1.139	15.9
5	8.319	0.348	4.2
4	8.667	2.448	28.2
3	11.115	7.33	65.9
2	18.445	8.996	48.8
1	27.441	——	——

二、K – Mean 聚类

依据上述分层聚类（Hierarchical）得到的"3 类"最佳聚类数，进一步采用 K – Mean 计算获取最佳聚类状态下的样本特征。先进行单因素方差分析（ANOVA），如表 7 – 3 所示，发现情境价值、情感价值及认知价值分别在 3 类聚类数条件下存在 $p < 0.05$ 水平的显著性差异。

表 7 – 3　三类样本的单因素方差分析（C = 3）

	聚类		误差		F	Sig.
	Mean Square	df	Mean Square	df		
情境价值	138.490	2	.466	452	297.150	.000
情感价值	171.539	2	.421	452	407.732	.000
认知价值	202.195	2	.564	452	358.593	.000

再对三种价值维度的聚类中心进行分析：情境价值的聚类中心分别为 6.19、5.02、3.99，情感价值的聚类中心分别为 6.42、5.33、3.83，认知价值的聚类中心分别为 5.97、4.63、3.25。根据聚类中心分布特征，作者将 3 类样本命名为"高感知型"、"平淡型"及"低感知型"，如图 7 – 4 所示。

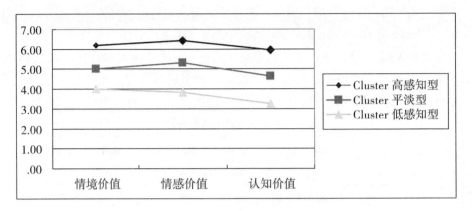

图7-4　三类样本的感知特征

三、判别分析（Discriminant）

判别分析（Discriminant）这种多变量统计分析方法是在分类确定的前提下，依据样本的各种特征值分析其归属何种类型①。

研究采用 SPSS 的判别分析对"高感知型"、"平淡型"及"低感知型"3类样本的聚类可靠性进行检验：采用直接进入法，得到判别分析的散点图

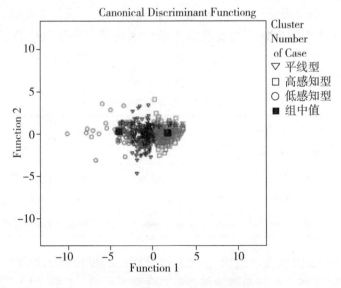

图7-5　判别函数的散点图结果

---

①　Chin W. "Issues and opinion on structure equation modeling," MIS Quarterly, No. 22, 1998, pp. 7 –11.

（如图 7 - 5 所示），较好反映了体验感知水平从低到高的分布情况；再用 Territorial 图反映各类样本的边界关系，如图 7 - 6 所示，3 类样本区分边界明显，因此，聚类的可靠性在分布特征上进一步得到证实。

再对判别函数的预测结果进行分析，如表 7 - 4 所示，发现原始样本的预测准确率和交叉样本的准确率都达到 97.6%，表明具有非常高的预测精度。根据分析可知，3 类样本的聚类结果是科学可靠的。

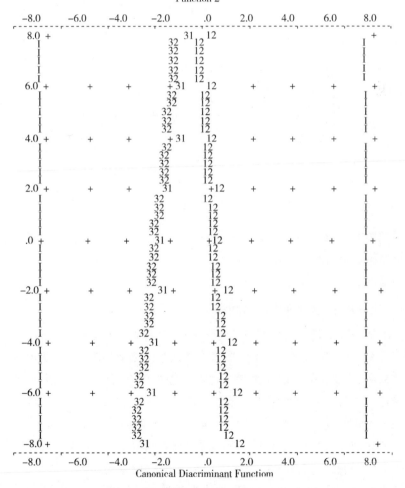

注：2 为高感知型，1 为平淡型，3 为低感知型

图 7 - 6　判别函数的 Territorial 图

表7－4　聚类判别结果

样本类型	真实情况	计数	预测			准确率（%）
			高感知型	平淡型	低感知型	
原始样本	高感知型	217	211	6	0	97.2
	平淡型	179	0	174	5	97.2
	低感知型	59	0	0	59	100.0
	合计					97.6
混合样本	高感知型	217	211	6	0	97.2
	平淡型	179	0	174	5	97.2
	低感知型	59	0	0	59	100.0
	合计					97.6

第三节　三种感知水平在消费类型上的分布特征

依据第七章第一节差异显著性分析获知，出游时间、停留时间及人均消费三个环城游憩消费方面在体验价值的差异较显著，因此本部分主要针对这三方面消费类型的分布特征进行研究。

一、三种感知水平在停留时间和个人消费上的分布特征

高感知型、平淡型及低感知型三种类型在停留时间和个人消费（两者为次序变量）上的特征比较采用单因素方差分析，结果如图7－5所示，三类感知程度都在 $p < 0.001$ 显著性水平下通过方差检验。在停留时间上，高感知型主要体现在停留2－3天的群体，低感知型主要体现在停留1天的群体，呈现出在一定时间范围内停留时间越长感知价值越高的趋势。在个人消费上，高感知型主要体现在人均消费301－500元的群体，低感知型主要体现在人均消费200元以下的群体，呈现出在一定费用范围内花费越高感知价值越高的趋势。研究结论显示，悠闲舒适的休闲度假比走马观花式的游览方式更能够让游客感受到较高体验价值。

表7-5　三种感知水平在停留时间和个人消费的特征比较

| | 感知程度 | | | | | | F 统计量 | P 值 |
| | 高感知型 | | 平淡型 | | 低感知型 | | | |
	均值	方差	均值	方差	均值	方差		
停留时间	2.33	1.301	1.75	1.051	1.21	1.106	7.144	.001
个人消费	3.71	1.681	2.26	1.700	1.85	1.700	7.397	.001

注：停留时间选项值1-5分别表示1天、2天、3天、4天及更多天；

个人消费选项值1-6分别表示100元以下、101-200元、201-300元、301-500元、501-800元及800元以上。

二、三种感知水平在出游时间上的分布特征

鉴于出游时间是类型变量，对高感知型、平淡型及低感知型三种感知水平在出游时间上的特征进行分布结构差异比较，并通过卡方检验对其显著性进行分析。卡方检验显示在不同感知水平分布上，黄金周、寒暑假、年休假的分布结构存在显著差异（Asymp. Sig. 分别为0.090、0.033、0.058）。数据显示：黄金周高感知型分布比例较低，寒暑假和年休假高感知型分布比例相对较高。

结合现实进行分析，黄金周的出游人数目前最多，景区游客情况存在"黄金粥"的戏说，游客在黄金周的体验高感知型较低，说明游憩地游客人数过多会影响到游客体验感知水平；寒暑假的样本群体多为教师学生或带孩子出游的家长，时间充裕，活动以休学旅游或夏令营居多，同时也处于许多环城游憩地游客密度较小的季节，所以高感知型相对较高；年休假的游客群体时间选择更为自由，避开了旅游的旺季，在环城游憩中感受到的体验价值也较高。研究结论显示，在环城游憩管理中应该注重淡旺季的调节，全年均衡发展，并在旺季进行科学合理的游客景区功能分流举措，利用信息化调度等方式使景区各功能协调运转，避免景区"只能看人头"、"时间都堵在路上"之类的问题。科学管理、人性化设计既能使游客在舒适的体验中享受到出游的乐趣，获得较高体验价值，也使环城游憩地既赚人气又获得好口碑，进而赢得长远发展。

表7－6　三类感知水平在出游时间的特征比较

| 出游时间 | 三种类别结构比例 | | | | | | Asymp. Sig. |
| | 高感知型 | | 平淡型 | | 低感知型 | | |
	数量	纵向比例（％）	数量	纵向比例（％）	数量	纵向比例（％）	
周末	104	47.9	95	53.1	32	54.2	0.552
小长假	38	17.5	30	16.8	8	13.6	0.480
黄金周	10	4.6	18	10.1	7	11.9	0.090
工作日	24	11.1	21	11.7	9	15.3	0.433
寒暑假	23	10.6	9	5.0	2	3.4	0.033
年休假	18	8.3	6	3.4	1	1.7	0.058

第四节　研究结论

通过聚类分析将情绪类体验价值样本分为"高感知型"、"平淡型"及"低感知型"三种体验价值感知水平，这三种感知水平在不同消费类型上的分布特征主要体现为：

第一，在停留时间上，高感知型主要体现在停留2－3天的群体，低感知型主要体现在停留1天的群体，呈现出在一定时间范围内停留时间越长感知价值越高的趋势。

第二，在个人消费上，高感知型主要体现在人均消费301－500元的群体，低感知型主要体现在人均消费200元以下的群体，呈现出在一定费用范围内花费越高感知价值越高的趋势。

第三，在出游时间上，黄金周高感知型比例较低，寒暑假和年休假高感知型相对较高。

研究结论显示悠闲舒适的休闲度假比走马观花式的游览方式更能够让游客感受到较高体验价值。对比第六章分析的环城游憩行为特征：游客偏爱悠闲、参与性强的体验活动，出游原因最为主要是休闲度假，但停留时间目前却是短时间停留（当天返回或第二天返回）者居多。高感知型消费类型与目前行为特征的差异说明：虽然人们目前的环城游憩消费心理也是倾向进行休闲度假，实际行为还是以观光旅游为主，原因可能是悠闲舒适的休闲度假产品的打造还缺乏吸引力，也可能是缺乏市场引导，这是今后应进一步发展的方向。

第五节　本章小结

本章在第五章实证研究获取的 455 份调研样本基础上，分析了我国环城游憩行为特征，并研究了不同消费类型的游客体验价值感知差异。在环城游憩行为特征体现上游客偏爱悠闲、参与性强的体验活动，出游原因最为主要的是休闲度假，在出游方式上自行安排者居多，在出游时间上，以周末和小长假为主，环城游憩成为城市居民一种经常性的出游行为。

研究在对不同消费类型的游客体验价值差异显著性分析基础上，采用 SPSS 的分层聚类、K - Mean 计算及判别分析验证完成聚类分析所需的聚类划分、解释以及验证三个步骤，针对情绪类体验价值分析，发现将游客感知水平具有"高感知型"、"平淡型"及"低感知型"三种类型，并深入分析了这三种感知水平在出游时间、停留时间及人均消费消费类型上的分布特征。研究发现：在停留时间上，高感知型主要体现在停留 2 - 3 天的群体，低感知型主要体现在停留 1 天的群体，呈现出在一定时间范围内停留时间越长感知价值越高的趋势；在个人消费上，高感知型主要体现在人均消费 301 - 500 元的群体，低感知型主要体现在人均消费 200 元以下的群体，呈现出在一定费用范围内花费越高感知价值越高的趋势；在出游时间上，黄金周高感知型比例较低，寒暑假和年休假高感知型相对较高。总体而言，研究结论显示悠闲舒适的休闲度假比走马观花式的游览方式更能够让游客感受到较高体验价值，这也今后环城游憩产品的进一步开发指引了方向。

第八章

结论与展望

第一节　主要研究结论

本研究在两个阶段问卷调研的数据基础上，经过严谨的分析论证，形成五个方面的主要研究结论：第一，环城游憩体验价值结构体系由两大类体验价值五个维度构成；第二，体验价值内部具有层次作用关系；第三，揭示环城游憩体验价值对游客满意度及行为意向的作用机制；第四，悠闲舒适休闲度假方式是高体验价值体现；第五，环城游憩行为发展存在五个影响因素。

一、环城游憩体验价值结构体系由两大类五维度构成

本研究在研究思路上尝试兼取传统体验价值"二分法"及"多维分法"两者之长：事先不划分维度，在全面列举相关指标的基础上设计问卷进行调查，在获取 138 份环城游憩游客体验价值有效问卷的基础上，采用探索性因子分析提取维度，借鉴"多维分法"观点进行维度命名，再根据不同维度体现内容的性质借鉴"二分法"观点进一步分类。这种体系构建方法既全面把握体验价值内容，又为进一步探索体验价值内的层次性奠定基础。

环城游憩体验价值结构体系由两大类体验价值五个维度构成。具体为：体验价值分为功利类体验价值和情绪类体验价值两大类，其中，功利类体验价值包含功能价值与经济价值两个维度，情绪类体验价值包含情境价值、情感价值及认知价值三个维度。功能价值维度的测量指标有交通状况、规划设计、服务效率、配套设施及安全状况 5 个；经济价值的测量指标有出行成本、花费状况及收益感知 3 个；情境价值的测量指标有景观感受、氛围感受、主题特色及服务态度 4 个；情感价值的测量指标有新鲜感、快乐感、舒适感、遁世感、感情融洽及美好回忆 6 个；认知价值的测量指标有技能了解、文化了解、视野开阔

及互动沟通 4 个。上述两大类 5 维度 22 个指标共同构成了环城游憩体验价值结构体系，此结论为进一步的关系研究或环城游憩体验价值评价提供理论依据。

二、体验价值内部具有层次作用关系

基于需要层次理论和认知评价理论，以作者对环城游憩体验价值结构体系构建为基础，在研究体验价值与游客满意度及行为意向关系的假设模型中提出功利类体验价值对情绪类体验价值具有直接的正向影响的 6 个假设。通过大规模问卷调查、对量表和模型的信度、效度检验以及结构方程路径分析，结果显示 6 个关系假设都得到支持，体验价值内部的层次作用关系也得到验证。体验价值内部的层次作用在游客满意度和行为意向的形成过程中体现的非常充分，这一观点的论证凸现了情绪类体验价值的重要地位，情绪类体验价值不仅自身强烈影响着游客满意度和行为意向，而且传递着功利类体验价值对游客满意度及行为意向的影响。

体验价值的层次作用关系理论为管理实践带来了新的启示：不能仅注重功利类体验价值的提升，更要创造情绪类体验价值，也就是目前开发管理中浓墨重彩的功能价值和经济价值固然重要，决策者更要把重心转移到情境价值、情感价值和认知价值的打造上，这是影响到游客满意度和行为意向的更重要因素。目前很多环城游憩地的开发设计重点还只是停留在功能建设这一步，没有更多人性化的考虑游客情绪的需求，并且在经营上多注重价格竞争，体验营销的设计不到位，还需在发展中大力提升情绪类体验价值。

三、体验价值与游客满意度及行为意向之间具有嵌套作用机制

本书基于理论研究和实际分析提出并验证了"体验价值－游客满意度－行为意向"模型（TEVSB），揭示了环城游憩体验价值对游客满意度及行为意向的作用机制。整个作用过程包含三个相互嵌套的作用机制：体验价值内部的层次作用、游客满意度的"重要中介作用"及认知价值的直接作用。体验价值对游客满意度及行为意向的具体作用机制简要归纳如下：

（一）功利类体验价值直接正向影响情绪类体验价值，情绪类体验价值承担着功利类体验价值对游客满意度和行为意向影响的中介作用。

（二）体验价值各维度与游客满意度的作用关系为：情感价值、情境价值对游客满意度具有直接正向影响；经济价值对游客满意度既有直接影响又有间接影响；功能价值通过情境价值和情感价值对游客满意度产生间接影响；认知

价值对游客满意度没有影响。五维度中情感价值对游客满意度的影响最强烈。

（三）游客满意度与行为意向的作用关系为：游客满意度直接正向影响行为意向。

（四）体验价值各维度与行为意向的作用关系为：认知价值直接正向影响行为意向；功能价值、经济价值、情境价值、情感价值在前述对游客满意度影响的基础上必须经过游客满意度对行为意向产生间接影响。

四、悠闲舒适休闲度假方式是高体验价值的体现

本书采用SPSS的分层聚类、K－Mean计算及判别分析验证针对情绪类体验价值分析，发现游客感知水平具有"高感知型"、"平淡型"及"低感知型"三种类型，并深入分析了这三种感知水平在出游时间、停留时间及人均消费三项消费类型上的分布特征。研究发现：在停留时间上，高感知型主要体现在停留2－3天的群体，低感知型主要体现在停留1天的群体，呈现出在一定时间范围内停留时间越长感知价值越高的趋势；在个人消费上，高感知型主要体现在人均消费301－500元的群体，低感知型主要体现在人均消费200元以下的群体，呈现出在一定费用范围内花费越高感知价值越高的趋势；在出游时间上，黄金周高感知型比例较低，寒暑假和年休假高感知型相对较高。

将高感知体验价值的消费类型与目前环城游憩行为特征进行对比，游客偏爱悠闲、参与性强的体验活动，如"农渔家乐"、"参与工艺过程"等，但对这些项目目前的开发形式内容印象不深；在出游原因调查显示人们进行环城游憩的初衷以休闲度假为主，但在停留时间上却主要是1天左右的短时间，现实总体情况与高感知类型还有一定差距。

研究结论显示悠闲舒适的休闲度假比走马观花式的游览方式更能够让游客感受到较高的体验价值。这一结论回答了"为什么环城游憩游客满意率不高？"因为目前的发展与游客需求存在一定距离，"休闲度假"还没完全实现，旅游地的吸引力、可令人停留的度假项目可能还很缺乏，草草地到此一游不能满足环城游憩消费心理。如何打造令游客满意的休闲度假产品应是环城游憩进一步开发的重要方向。

五、环城游憩行为发展存在五个影响因素

环城游憩行为发展的五个影响因素是：资源赋存、人口集聚、经济发展、消费观念的改变及营销推介宣传。这些影响因素成为环城游憩行为发展的条件和推动力，在不同的主客观条件下，环城游憩行为呈现不同的特征。掌握不同

阶段这些影响因素的状况是更好的把握和引导环城游憩发展方向的基础。

第二节　管理启示

上述主要研究结论对环城游憩的开发管理提供了重要的启示：

一、提升体验价值，增强环城游憩地竞争优势

鉴于环城游憩体验价值对游客满意度及行为意向都有积极影响，进而可以实现游客忠诚并增强环城游憩地的竞争优势，因此提升体验价值应成为开发管理的着力点，此部分主要就功利类体验价值提升措施展开，情绪类体验价值提升措施在第二部分再重点阐述。

功能价值主要体现在交通状况、规划设计、服务效率、配套设施、安全状况五个方面，这是目前环城游憩地开发管理中的问题主要在于功能服务还不够人性化和科学化。研究调研中发现：自行安排环城游憩的游客占多数，但在实际中交通牌示系统、自助服务设施还不到位；游览过程中的游客反映游线设计不合理，走很多回头路；游乐项目排队等候时间过长，有没有遮阳棚等候区；旅游地服务效率低等问题。功能价值是体验价值提升的基础，有些问题是通过服务意识培养可以解决，有些问题可能是规划初期不合理的设计造成，因此功能价值的完善应该从源头做起，充分调研、科学规划、人性设计、严格质量，从游客体验过程中的每一点接触把关，在基本功能上为体验价值奠定坚实基础。

经济价值主要体现在出行成本、花费状况及收益感知上，经济价值不仅直接影响游客满意度，同时也通过情境价值、情感价值和认知价值影响游客满意度及行为意向，因此，经济价值的提升不能一味考虑低价竞争，应该综合考虑游客情绪类体验价值的基础上，结合相应的便利服务和促销活动达到降低游客出行成本或感觉物超所值的效果。

二、重点提升情绪类体验价值

情绪类体验价值对游客满意度及行为意向的影响更为直接，也为功利类体验价值充当着中介作用，因此，在管理开发中应特别注重创造情境价值、情感价值及认知价值三种情绪类体验价值。

情境价值主要体现在景观感受、氛围感受、主题特色及服务态度四个方面，这是游客很注重但在实际中易被忽视的问题。人们进行环城游憩的主要目

的是换个环境、放松心情，希望远离喧嚣，目前很多环城游憩地存在游客拥挤、氛围嘈杂、主题平淡、布景不协调及服务态度恶劣等问题。营造情境价值的措施有：创意主题，打造特色旅游区，能够为游客创造一片世外桃源，不论是景色幽静的自然山水，还是立体逼真的文化乐园，都应做到每一处景观和声音都和谐，每一位工作人员都全心投入，这才能使游客沉浸在全方位的体验中；同时，合理引导游客流，这个问题一方面可以通过淡旺季宣传力度的调整辅助，另一方面可以在景区内部不同区域实施及时游客量信息管理，通过广播或牌示系统合理引导游客分流；在游客流很大或排队等候的区域，播放舒缓的音乐，设置一些笑话牌分散注意力，避免等候时无聊烦躁的情绪产生。其他还有很多可以采用的方式营造和谐、美好的情境价值，管理者可以根据实际情况灵活采用。

情感价值是影响游客满意度的最重要方面，包括游客体验到的新鲜感、快乐感、舒适感、遁世感以及产生的融洽感情及美好回忆，是环城游憩竞争优势提升的关键。要想让游客总能感受到新鲜感，游憩地的体验项目应注重更新，自然景色虽然不能改变，但是节庆设计、体验主题、活动设施可以根据季节和事件进行策划，让游客在多样的尽情体验中感受到流连忘返的快乐；游客在游憩中体验到的舒适感和遁世感离不开功能价值和情境价值，功能完善、情境如画、活动有趣，使游客在参与的欢笑中忘却生活的烦恼，在日出日落的静谧中放空自己；对游客快乐的瞬间表情捕捉体现在游憩地的纪念品设计上，策划具有特别意义的参与活动如认养果树等，这些活动有益于同行人的感情融洽，形成特别的美好回忆，都是创造情感价值的有效途径。

认知价值包括技能了解、文化了解、视野开阔及互动沟通四方面，在研究中发现虽然对游客满意度没有直接影响，但是对行为意向却有直接影响，因此对游客忠诚培育及环城游憩地的竞争力提升具有重要意义。根据本书分析，针对不同的顾客群体设计有吸引力的项目，通过体验能够了解文化、增长见识、学习技能，让游客感觉在游乐中还有知识收获，如果这些活动或交流价值对游客而言还有独特的意义，那么对忠诚游客的培育更是推波助澜。在体验经济背景下，蕴含独特认知价值的旅游产品倍受游客青睐，如在旅游中认识农作物、了解矿石挖掘过程、亲身制作蝴蝶标本等，这也是旅游产品向精细化发展的方向。

三、打造悠闲舒适的休闲度假产品

研究结论显示悠闲舒适的休闲度假方式让游客感受到更高的体验价值，这是环城游憩产品进一步打造的方向。目前我国的休假制度对环城游憩的发展非常有利，不论是双休日还是小长假，对于远距离的观光度假具有时间限制，对近距离的休闲度假却是时间充裕。但现阶段的环城游憩在停留时间上多为当天返回，在游程设计上与一般的观光游览无异，当游客抱着一种观光的心态到资源特色相对普通的环城游憩地游览时，自然觉得没啥看的。环城游憩地的规划思想应该是尽量吸引游客留下来，以丰富的体验项目让游客感觉值得停留。

休闲度假旅游不是仅仅指在旅游地待的时间延长，更是指在旅游地参与丰富多彩的休闲体验。具体的项目可依山就势打造，农家乐、泡温泉、拓展训练已是常见之笔，创意文化园、露营地、水上人家、树居体验、旅游 DIY 等形式可大胆设计。随着消费群体的视野扩大、阅历增加，求新求奇的体验需求会越来越多，作为环城游憩开发管理者，不仅要跟上消费者的需求，更要引导市场的需求，新理念、新创意，只要是合理能实现的，在体验经济背景下都会成为市场的引领者。总之，环城游憩发展中需要规划管理者激情创意，真正为城市居民开发出一片令人充分放松、精神陶冶、挥洒欢笑、流连忘返的"后花园"。

四、实施游客满意战略

研究结论显示出游客满意度的重要地位，体验价值对行为意向的影响与游客满意度紧密相连，游客满意度成为衡量体验价值高低和预测行为意向及游客忠诚的重要变量。顾客满意（CS）战略在其他相关行业已得到重视，在旅游业中游客满意（TS）也应成为今后发展的重要战略。这一结论对于环城游憩地营销战略的制定具有重要的指导意义，实施游客满意度战略（TS 战略）对于增强游后积极的行为意向、培养忠诚游客，进而提升环城游憩地的竞争力作用不言而喻。再实际应用中，游客满意度的测评不仅可以考虑总体满意度，更可以结合体验价值结构体系进行各项具体满意度指标的确立。在旅游地管理中加强信息反馈机制的构建，可以通过旅游区出口处的有奖问卷、相关网站上的积分奖励调查等形式积极了解游客游后对旅游地体验价值各指标的满意情况，并有针对性的进行项目改造和完善，以游客满意为目标，按照市场真正需求进行旅游地深入开发，不断增强旅游地的独有竞争力。

五、完善体验营销管理措施

在环城游憩地的整个管理体制完善中应贯彻体验营销思想，Schmitt 提出实施体验营销的战略模块和体验媒介，具体包括环境、形象标识、宣传册、产品、娱乐活动、人员以及广告、网络资源等①。环城游憩地的营销管理应突破常规的泛泛宣传推广，将体验充分融入进来，基于 Schmitt 的体验营销步骤，通过思考调研探寻游客的体验世界，以互动项目搭建游客体验平台，突出体验项目特色并强化品牌效应，注意维护游客关系保持与关键游客的长期接触，在产品上不断创新。体验管理应该强调游客接触的每一个关键点，把握一切细节，在细致化、人性化、科学化的原则指导下完善各项管理措施。

第三节　主要创新点

本研究的创新点主要体现在以下四个方面：

第一，构建了环城游憩体验价值结构体系。

在结构体系构建上与前人相比创新之处在于兼取体验价值"二分法"和"多维分法"两者之长：事先不划分维度，在全面列举相关指标的基础上设计问卷进行调查，采用探索性因子分析提取维度，借鉴"多维分法"观点进行维度命名，再根据不同维度体现内容的性质借鉴"二分法"观点进一步分类。这种体系构建方法既全面把握体验价值内容，又使体验价值属性特征明晰，不论研究领域还是研究体系都拓展了现有的体验价值理论。

第二，从游客体验价值视角构建环城游憩行为机理模型 TEVSB 并验证。

本书在理论分析基础上构建了体验价值各维度与游客满意度及行为意向之间关系的结构方程模型，模型创新之处在于增加了对体验价值内部变量间作用关系的探讨。通过对环城游憩的实证研究揭示了体验价值内部及体验价值与游客满意度、行为意向之间的作用关系，提炼形成"体验价值－游客满意度－行为意向"模型（TEVSB）。为实际应用中管理开发者有针对性的提升体验价值来实现游客满意及游客忠诚提供了理论依据。

第三，提出并验证了体验价值内部固有的层次作用关系。

本书基于需要层次理论和认知评价理论，在构建环城游憩体验价值两大类五维度体系基础上，创新性在结构方程模型构建中提出功利类体验价值对情绪类体验价值具有直接正向影响，最终得到验证。结论凸现了情绪类体验价值的重要地位，情绪类体验价值不仅自身强烈影响着游客满意度和行为意向，而且

---

① 范秀成，罗海成：《基于顾客感知价值的服务企业竞争力探析》，《南开管理评论》2003 年第 6 期，第 41－45 页。

传递着功利类体验价值对游客满意度及行为意向的影响。体验价值内部具有层次作用关系的观点对于有效提升体验价值具有重要意义。

第四，得出悠闲舒适的休闲度假产品高体验价值的结论。

研究通过聚类分析发现游客环城游憩体验价值感知水平具有"高感知型"、"平淡型"及"低感知型"三种类型，进一步通过方差分析、卡方检验等发现"高感知型"体验价值主要分布于停留时间较长、消费水平较高、较悠闲的消费类型，呈现悠闲舒适的休闲度假产品具有高体验价值体现。据此指出环城游憩进一步发展方向是打造悠闲舒适的休闲度假产品并加以市场引导。这一结论的科学明确提出对于旅游开发管理实践具有很强的理论指导意义。

第四节　研究局限与展望

本研究虽然力争完美细致的完成所有研究工作，但还是不可避免地存在一些研究局限：

第一，环城游憩体验价值量表的开发虽然充分借鉴了前人研究和深度访谈内容，但是各项指标还可能不够全面，在今后的实证研究中还将继续探索充实。

第二，研究主要基于两次大规模环城游憩行为问卷调查获取数据进行分析，虽然尽可能获取大量样本，但还显数量有限。在今后针对不同区域的应用中对结论可以做进一步验证，提高理论的普适性。

基于本研究的基础，今后将应用体验价值结构体系对环城游憩行为感受进行评价，也可据此构建游客满意度评价量表；"体验价值－游客满意度－行为意向"模型（TEVSB）还将在其他类型旅游地研究中进行验证和完善。

附录一

环城游憩游客体验访谈提纲

非常感谢您对我们进行学术调研的支持！下面希望对您的环城游憩体验感受进行了解：

环城游憩是指居民在城市郊区及周边地区进行的休闲、度假、游乐等短途旅游活动。具体包括：郊野爬山、农家乐、采摘游、滨水休闲、户外拓展、泡温泉、主题公园游乐、人文生态观光等。

一、访谈内容

1. 您倾向于选择哪类景点进行环城游憩？
2. 您进行环城游憩的主要原因是什么？
3. 您会选择什么时间进行环城游憩？
4. 如果进行环城游憩，您有可能停留几天？
5. 您喜欢的环城游憩项目是什么？
6. 您期待环城游憩带给游客什么样的感受？
7. 您认为哪些因素会影响环城游憩体验感受？
8. 您对所参与的环城游憩活动满意吗？如果不满意，是什么原因？
9. 如果您对体验的环城游憩很满意，会重游吗？会推荐给其他朋友吗？为什么？

二、访谈者的基本情况

性别　　　　　年龄　　　　　职业　　　　　学历

附录二

问卷编号＿＿＿＿＿＿＿＿

环城游憩行为问卷调查一

尊敬的女士/先生：

您好！首先非常感谢您能在百忙之中抽出时间来接受这次问卷调查！您填写的有关资料绝对保密，仅用于科学研究，不会对个体进行分析。请根据实际情况和您的真实想法在相应的选择上打"√"。衷心感谢您的理解和支持！

环城游憩是指居民在城市郊区及周边地区进行的休闲、度假、游乐等短途旅游活动。具体包括：郊野爬山、农家乐、渔家乐、采摘游、滨水休闲、户外拓展、泡温泉、漂流、主题公园游乐、人文生态观光等。

您的这次环城游憩地是＿＿＿＿＿＿＿＿，请针对您的体验感受填写问卷，您的宝贵意见对本研究非常重要，再次感谢！

第一部分：您这次环城游憩基本情况（在□中打√）

1. 您这次环城游憩地类型是：

□森林山地　□滨水旅游地　□乡村旅游地　□温泉度假区

□户外拓展基地　□主题公园　□滑雪场　□漂流地

□人文历史景观　□溶洞景观　□其他＿＿＿＿＿＿＿＿

2. 您这次环城游憩停留的时间是：

□当天返回　□2天　□3天　□4天　□更多

3. 这次环城游憩，平均每人消费（含食宿、交通、门票等）是：

□100元以下　□101－200元　□201－300元　□301－500元

□501 – 800 元 □800 元以上

第二部分：个人信息（请在□中打√）

（此部分信息对研究很重要，请一定填写，绝对保密，请放心，谢谢！）

1. 您的性别：□男 □女

2. 您的年龄：□不满 18 岁 □18 – 24 岁 □25 – 34 岁

　　　　　　□35 – 44 岁 □45 – 60 岁 □大于 60 岁

3. 您的家庭结构：□未婚 □已婚无子女 □孩子未成年

　　□孩子已成年

4. 您的职业：□政府人员（含事业人员） □企业经理（含私营企业主）

　　□公司职员 □专业技术人员（如教师律师医生护士工程师建筑师会计

　　师演员等） □离退休人员 □家庭主妇 □农民 □学生 □军人

　　□自由职业者 □其他

5. 您的学历：□小学 □初中 □高中或中专 □大专 □本科

　　□研究生

6. 您的月收入：□2000 元以下 □2000 – 3999 元 □4000 – 5999 元

　　□6000 – 7999 元 □8000 – 9999 元 □10000 – 20000 元

　　□20000 – 50000 元 □50000 元以上

第三部分：您这次环城游憩的实际体验感受

（请在每题后面所列您认为合适的选项数字上打"√"，7 表示非常同意，6 表示同意，5 表示有点同意，4 表示一般，3 表示有点不同意，2 表示不同意，1 表示非常不同意）

对此项体验感受我的看法是		非常同意	同意	有点同意	一般	有点不同意	不同意	非常不同意
Q1	游憩地的景色优美怡人	7	6	5	4	3	2	1
Q2	游憩地的规划设计合理	7	6	5	4	3	2	1
Q3	游憩地的主题特色鲜明有吸引力	7	6	5	4	3	2	1
Q4	参与游憩体验让我了解了不熟悉的知识和技能	7	6	5	4	3	2	1
Q5	这次环城游憩花费合理	7	6	5	4	3	2	1
Q6	游憩地交通便利路况好	7	6	5	4	3	2	1

续表

对此项体验感受我的看法是		非常同意	同意	有点同意	一般	有点不同意	不同意	非常不同意
Q7	游憩地的氛围清静和谐	7	6	5	4	3	2	1
Q8	在游憩中我了解了特色文化	7	6	5	4	3	2	1
Q9	游憩地工作人员态度热情友好	7	6	5	4	3	2	1
Q10	游憩体验活动令我感觉很新鲜	7	6	5	4	3	2	1
Q11	游憩地的服务效率高	7	6	5	4	3	2	1
Q12	在游憩体验过程中我感觉很悠闲舒适	7	6	5	4	3	2	1
Q13	这次出行时间、交通、精力等成本较低	7	6	5	4	3	2	1
Q14	游憩体验活动让我（或孩子）开阔了视野	7	6	5	4	3	2	1
Q15	这次游憩的美好回忆值得我向朋友津津乐道	7	6	5	4	3	2	1
Q16	游憩地的餐宿、购物、通讯等配套设施完善	7	6	5	4	3	2	1
Q17	游憩地治安情况和活动设施很安全	7	6	5	4	3	2	1
Q18	在游憩体验过程中我忘却了日常琐事和烦恼	7	6	5	4	3	2	1
Q19	这次游憩融洽了我和同行人的感情	7	6	5	4	3	2	1
Q20	在游憩中和他人进行互动沟通令我很受益	7	6	5	4	3	2	1
Q21	在游憩体验过程中我感觉很快乐	7	6	5	4	3	2	1
Q22	这次环城游憩物有所值	7	6	5	4	3	2	1

问卷到此结束，衷心感谢您的支持！

附录三

环城游憩行为问卷调查二

尊敬的女士/先生：

您好！首先非常感谢您能在百忙之中抽出时间来接受这次问卷调查！请根据实际情况和您的真实想法在相应的选择上打"√"。衷心感谢您的理解和支持！

请回顾您过去一年中印象深刻的一次环城游憩感受填写问卷，谢谢！

第一部分：您所回顾的环城游憩基本情况（在□中打√）

1. 您这次回顾的环城游憩地位于 _____ 省 _____ 市，名称为 _____
   该游憩地的影响力：□非常著名　　□著名　　□一般

2. 您所回顾的这次环城游憩地类型是：
   □森林山地　□滨水旅游地　□乡村旅游地　□温泉度假区
   □户外拓展基地　□主题公园　□滑雪场　□漂流地　□人文历史景观
   □溶洞景观　□其他_____

3. 您这次环城游憩印象最深刻的体验活动是：
   □爬山　□滨水休闲活动　□农、渔家乐　□泡温泉　□亲自参与某些工艺过程　□拓展训练活动　□体验民俗风情　□滑雪　□漂流
   □景观欣赏　□娱乐项目

4. 您进行这次环城游憩的最主要原因是：

□观赏风景 □休闲度假 □康体健身 □体验新鲜刺激活动

□探亲访友 □教育孩子 □参加会议或商务活动 □购土特产

□了解文化 □培养团队精神 □其他 _____

5. 您所进行的这次环城游憩的时间是：

□周末 □小长假 □黄金周 □工作日 □寒暑假 □年休假

6. 您的出游方式是：

□单位组织 □自驾车 □自己加入旅行社组团 □自己搭车

□其他

7. 您这次环城游憩停留的时间是：

□当天返回 □2 天 □3 天 □4 天 □更多

8. 您这次环城游憩的同行人是：

□家庭成员 □亲戚 □同学朋友 □单位同事 □会议同伴

□其他_____

9. 这次环城游憩，平均每人消费（含食宿、交通、门票等）是：

□100 元以下 □101 – 200 元 □201 – 300 元 □301 – 500 元

□501 – 800 元 □800 元以上

10. 您平均一年进行几次环城游憩：

□1 次 □2 次 □3 次 □4 次 □更多

11. 若再次出行您最感兴趣的环城游憩体验活动是：

□爬山 □滨水休闲活动 □农、渔家乐 □泡温泉

□亲自参与某些工艺过程 □拓展训练活动 □体验民俗风情

□滑雪 □漂流 □景观欣赏 □娱乐项目

12. 您主要通过什么途径了解到环城游憩景点？

□广播 □电视 □报纸 □上网 □书籍 □亲友推荐

13. 进行环城游憩，您最担心的是：

□交通紧张 □花费太高 □时间不够 □食宿问题 □安全

□其它

第二部分：您所回顾的这次环城游憩的实际体验感受

（请在每题后面所列您认为合适的选项数字上打"√"，7 表示非常同意，6 表示同意，5 表示有点同意，4 表示一般，3 表示有点不同意，2 表示不同意，1 表示非常不同意）

对此项体验感受我的看法是		非常同意	同意	有点同意	一般	有点不同意	不同意	非常不同意
FV		非常同意——→非常不同意						
FV1	游憩地交通便利路况好	7	6	5	4	3	2	1
FV2	游憩地的旅游项目设计合理	7	6	5	4	3	2	1
FV3	游憩地的服务效率高	7	6	5	4	3	2	1
FV4	游憩地的餐宿、购物、通讯等配套设施完善	7	6	5	4	3	2	1
FV5	游憩地治安情况和活动设施很安全	7	6	5	4	3	2	1
SV		非常同意——→非常不同意						
SV1	游憩地的景色优美怡人	7	6	5	4	3	2	1
SV2	游憩地的氛围清静和谐	7	6	5	4	3	2	1
SV3	游憩地的主题特色鲜明有吸引力	7	6	5	4	3	2	1
SV4	游憩地工作人员态度热情友好	7	6	5	4	3	2	1
EMV		非常同意 ——→非常不同意						
EMV1	游憩体验活动令我感觉很新鲜	7	6	5	4	3	2	1
EMV2	在游憩体验过程中我感觉很快乐	7	6	5	4	3	2	1
EMV3	在游憩体验过程中我感觉很悠闲舒适	7	6	5	4	3	2	1
EMV4	在游憩体验过程中我忘却了日常琐事和烦恼	7	6	5	4	3	2	1
EMV5	这次游憩增进了我和同行人的感情	7	6	5	4	3	2	1
EMV6	这次游憩的美好回忆值得我向亲友津津乐道	7	6	5	4	3	2	1
EPV		非常同意——→非常不同意						
EPV1	游憩体验让我了解了不熟悉的知识和技能	7	6	5	4	3	2	1
EPV2	在游憩体验中我了解了特色文化	7	6	5	4	3	2	1
EPV3	游憩体验活动让我（或孩子）开阔了视野	7	6	5	4	3	2	1
EPV4	在游憩中和他人进行互动沟通令我很受益	7	6	5	4	3	2	1
ECV		非常同意——→非常不同意						
ECV1	这次出行时间、交通、精力等成本较低	7	6	5	4	3	2	1
ECV2	这次环城游憩花费合理	7	6	5	4	3	2	1
ECV3	这次环城游憩物有所值	7	6	5	4	3	2	1

第三部分：游客满意度

（请在每题后面所列您认为合适的选项数字上打"√"，7 表示非常同意，6 表示同意，5 表示有点同意，4 表示一般，3 表示有点不同意，2 表示不同意，1 表示非常不同意）

	对此项体验感受我的看法是	非常同意	同意	有点同意	一般	有点不同意	不同意	非常不同意
TS1	总体而言，我对这次环城游憩经历感到满意	7	6	5	4	3	2	1
TS2	与期望值相比，我对这次环城游憩感到满意	7	6	5	4	3	2	1
TS3	与其他同类型环城游憩地感受相比，我对这次经历感到满意	7	6	5	4	3	2	1

第四部分：游后行为意向

（请在每题后面所列您认为合适的选项数字上打"√"，7 表示非常同意，6 表示同意，5 表示有点同意，4 表示一般，3 表示有点不同意，2 表示不同意，1 表示非常不同意）

	对以下游憩之后的想法我的态度是	非常同意	同意	有点同意	一般	有点不同意	不同意	非常不同意
BI1	如果有机会，我还会再来此重游	7	6	5	4	3	2	1
BI2	我会向亲友或在网络上正面评价此环城游憩地	7	6	5	4	3	2	1
BI3	我会向亲友或在网络上推荐此环城游憩地	7	6	5	4	3	2	1
BI4	我会将此地作为同类型环城游憩地的首选	7	6	5	4	3	2	1
BI5	如果增加新的体验项目，费用稍涨我也还会来	7	6	5	4	3	2	1

第五部分：个人信息（请在□中打√）

（此部分信息对研究很重要，请一定填写，绝对保密，请放心，谢谢！）

1. 您的性别：□男　□女

2. 您的年龄：□不满 18 岁　□18 - 24 岁　□ 25 - 34 岁　□ 35 - 44 岁
　　　　　　　□ 45 - 60 岁　□ 大于 60 岁

3. 您的家庭结构：□未婚　□ 已婚无子女　□孩子未成年

□孩子已成年

4. 您的职业：□政府人员（含事业人员）　□企业经理（含私营企业主）　□公司职员　□专业技术人员（如教师律师医生护士工程师建筑师会计师演员等）　□离退休人员　□家庭主妇　□农民　□学生　□军人　□自由职业者　□其他

5. 您的学历：□小学　□初中　□高中或中专　□大专　□本科　□研究生

6. 您的月收入：□2000 元以下　□2000 – 3999 元　□4000 – 5999 元　□6000 – 7999 元　□8000 – 9999 元　□10000 – 20000 元　□20000 – 50000 元　□50000 元以上

问卷到此结束，衷心感谢您的支持！

参考文献

［1］阿尔文·托夫勒；孟广均译．未来的冲击 ［M］．北京：新华出版社，1996．

［2］迈克尔·波特．竞争战略 ［M］．北京：华夏出版社，2001．

［3］菲利普·科特勒．营销管理（第 10 版中译本）［M］．中国人民大学出版社，2001．

［4］普列奥布拉曾斯基，克列沃谢耶夫；吴必虎，蒋文莉等译．苏联游憩系统地理 ［M］．广州：华东师范大学旅游教育专业印行，1989．

［5］Herbert L. Petri John M. Govern. 郭本禹等译．动机心理学 ［M］．陕西师范大学出版社，2005．

［6］马斯洛；许金声（译）．动机与人格（第三版）［M］．北京：中国人民大学出版社，2007．

［7］Alvin C. Burns, Ronald F. Bush. 梅清豪等译：《营销调研》（第二版）［M］．中国人民大学出版社，2001．

［8］Hair J, Anderson R, Tatham R, et al. Multivariate data analysis. Seventh Edition ［M］．NJ：Prentice Hall，2009．

［9］Shumacker R E, Lomax R G. A beginner's guide to structural equation modeling ［M］．Mahwah, NJ：Erlbaum Associates，1996．

［10］Nunnally. Psychometric theory ［M］．New York：McGraw – hill，1994．

［11］Boomsma A. On the robustness of LISREL against small sample size and non – normality Doctoral dissertation ［M］．University of Groningen，1983．

［12］Leinhardt S. Sociological methodology ［M］．Washington, DC：American Sociological Association，1982．

［13］Kline, R. B. Principles and practice of structural equation modeling ［M］．New York：Guilford Press，1998．

［14］Bollen. Structural equations with latent variables ［M］．New York：Wiley，1989．

［15］Browne, Cudeck. Alternative ways of assessing model fit. In K. A. Bollen and J. S.

Long , Testing structural equation models ［M］. Newbury Park，CA，2001.

［16］Joskog K D, Sorbom D. LISREL 8. 14：Structural equation modeling with the SIMPLIS command language ［M］. Chicago：Scientific Software Internation，1993.

［17］Anastasi. Psychological testing ［M］. NY：Macmillan Publishing，1990.

［18］Deci，Ryan. Intrinsic motivation and self – determination in human behavior ［M］. New York：Plenum Press，1985.

［19］Oliver Richard L. Customer satisfaction with service ［M］. CA：Sage Publications，2000.

［20］Gay Lieber, Fesenmiaier D R. Recreation planning and management ［M］. London：E&F. N. Spon Ltd，1972.

［21］Conzen，Alnwick，Norhubmberland. a Study in Town – plan analysis ［M］. Institute of British Geographers Publication NO. 27. London. George Philip，1960.

［22］Anderson，Sullivan. Customer satisfaction and retention across firms ［M］. Nashville，TN，1990.

［23］Woodruff，R. ，and S. F. Gardial. Know your customer：New approaches to customer value and satisfaction ［M］. Cambridge，MA：Blackwell. 1996.

［24］Schmitt，Bernd H. Experiential marketing ［M］. New York：The Free Press，1999.

［25］Csikszentimihaly. Optimal experience：Psychological studies of flow in conscious ［M］. New york. Cambridge University Press. 1988.

［26］Naylor，G，How consumer determine value：A new look at a inputs and processes ［M］. Dissertation，University of Arizona，1996.

［27］Gronroos，Christian，Service management and marketing：Managing the moments of truth in service competition ［M］. Lexington，MA：Lexington Books，1990.

［28］Lovelock，C. H. Service marketing (4th ed.) ［M］. NJ：Prentice Hall International，2000.

［29］Engel，Blackwell，N Yiniard. Consumer behavior ［M］. Newyork：The Drydden，1995.

［30］Drucker. The practice of management ［M］. New York：Harper Brothers Publishers，1954.

［31］B. Joseph Pine II, James H. Gilmore. The experience economy：Work is theatre and every business a stage ［M］. Harvard Business School Press，1999.

［32］Oliver，R. Satisfaction：A behavioral perspective on the consumer ［M］. NewYork：McGraw – Hill，1997.

［33］Dodds，W. B. In search of value：How price and store name information influence buyers' product perceptions ［J］. Journal of Services Marketing，1991.

［34］Ostrom, A, Iacobucci. D. Consumer trade – offs and the evaluation of services ［J］. Journal of Marketing, 1995.

［35］Zeithaml. Consumer perceptions of price, quality, and value: A means – end model and synthesis of evidence ［J］. Journal of Marketing, 1988.

［36］Michael Gross, Graham Brown. Tourism experiences in a lifestyle destination setting ［J］. Journal of Business Research, 2006.

［37］Bob Mckercher. Differences between tourism and recreation in parks ［J］. Annals of Tourism Research, 1996.

［38］Fornell C. A national customer satisfaction barometer: The swedish experience ［J］. Journal of Marketing, 1992.

［39］Reichheld, F. Sasser, W. E. Zero defections : Quality comes to services ［J］. Harvard Business Review, 1990.

［40］Taylor S A, Baker T L. An assessment of the relationship between service quality and customer sat – isfaction in formation of consumers' purchase intentions ［J］. Journal of Retailing, 1994.

［41］Copeland M T. Relation of consumer' s buying habits to marketing methods ［J］. Harvard Business Re – view, 1923.

［42］Pritchard M, Howard D R, Havitz M E. Loyalty measurement: a critical examination and theoretical ex – tension ［J］. Leisure Sciences, 1992.

［43］Ross, G. F. Destination evaluation and vacation preferences ［J］. Annals of Tourism Research, 1993.

［44］Yang, Z. Peterson, R. T. Customer perceived value, satisfaction, and loyalty: The role of switching costs ［J］. Psychol Market, 2004.

［45］Mathwick, C, Malhotra, N. Rigon, E. Experiential value conceptualization, measurement and application in the catalog and interest shopping enviroment ［J］. Journal of Retailing, 2001.

［46］Parasuraman A, Grewal D. The impact of technology on the quality – value – loyalty chain: A research agenda ［J］. Journal of the Academy of Marketing Science, 2000.

［47］Woodruff, R. B. Customer value. The next source for competitive advantage ［J］. Academy of Marketing Service, 1997.

［48］Petrick, J. F, Bachman, S. J. An examination of the determinants of golf travelers' satisfaction ［J］. Journal of Travel Research, 2002.

［49］Oliver R L, Burke R R. Expectation processes in satisfaction formation ［J］. Journal of Service Research, 1999.

［50］Lee C, Yoon Y, Lee S. Investigating the relationships among perceived value, satisfaction, and recom – mendations: the case of the Korean DMZ [J] . Tourism Management, 2007.

[51] Hou Lun, Tang Xiaowo. Gap model for dual customer values [J] . Tsinghua Science and Technology, 2008.

[52] Murray, K. B, and J. L. Schlacter. The impact of services versus goods on consumers' assessment of perceived risk and variability [J] . Journal of the Academy of Marketing Science. 1990.

[53] Holbrook, M. B, Hirschman, E. C. The experiential aspects of consumption: Consumer fantasies, feeling and fun [J] . Journal of Consumer Research, 1982.

[54] Park, C. W, Jaworski, B. J. & Maclnnis. Strategic brade & concept – image management [J] . Journal of Marketing, 1986.

[55] Pine, B. H. Gilmore. Welcome to the experence economy [J] . Health Forum Journal 2001.

[56] Babin, B. J, Darden, W. R, Griffin. M. Work and fun: Measuring hedonic and utilitarian shopping value [J] . Journal of Consumer Research, 1994.

[57] Mathwick, C. The effect of dynamic retail experiences on experiential perceptions of value: An internet and catalog comparison [J] . Journal of Retailing, 2002.

[58] Ruyter de, K. Wetzels, M. Lemmink, J. Mattsson, J. The dynamics of the service delivery process: A value – based approach [J] . International Journal of Reasearch in Marketing, 1997.

[59] Mano, H, Richard L. Assessing the dimensionality and structure of the consumption experience: Evaluation, feeling and satisfaction [J] . Journal of Consumer Research, 1993.

[60] Sheth, Cross. Why we buy what we buy: A theory of consumption values [J] . Journal of Business Reasearch, 1991.

[61] Holbrook Morris, Kuwahara Takeo, Probing explorations, deep displays, virtual reality, and profound insights: The four faces of strereographic three – dimensional images in marketing and consumer research [J] . Advances in Consumer Research, 1999.

[62] Sweeney, Soutar. Consumer perceived vale: The development of a multiple item scale [J] . Journal of Retailing, 2001.

[63] Sanchez, Callarisa, Rodriguez. Perceived value of the purchase of a tourism product [J] . Tourism Management, 2006.

[64] Lapierre, J. Customer – perceived value in industrial contexts [J] . Journal of business and Industrial marketing, 2000.

[65] Kisang Ryua, Heesup Han. The relationships among overall quick – casual restaurant image,

perceived value, customer satisfaction, and behavioral intentions [J] . International Journal of Hospitality Management. 2008.

[66] McDougall, G. H. G. , and T. Levesque. Customer satisfaction with service: Putting perceived value into the equation [J] . Journal of Services Marketing. 2000.

[67] Cronin, J. J, Brady, M. K, Hult, G. T. M. Assessing the effects of quality, value and customer satisfaction on consumer behavioral intentions in service environments [J] . Journal of Retailing, 2000.

[68] Oh H. Diners' perceptions of quality, value and satisfaction [J] . Cornell Hotel and Restaurant Administration Quarterly, 2000.

[69] Murray, Howat. The relationships among service quality, value, satisfaction, and future intentions of customers at an australian sports and leisure centre [J] . Sport Management Review, 2002.

[70] Ching – Hsue Cheng, You – Shyang Chen. Classifying the segmentation of customer value via RFM model and RS theory [J] . Expert Systems with Applications. 2009.

[71] A. Pizam, Y. Neumann, A Reichel – Dimensions of tourist satisfaction with a destination [J] . Annals of Tourism Research, 1978.

[72] Beard J. B. Raghed M G. Measuring leisure satisfaction [J] . Journal of Leisure Research. 1980.

[73] P. Pearce and G. Moscardo. Visitor evaluation: An appraisal of Goalsand techniques [J] . Evaluation Review, 1985.

[74] Pizam A. Tourism's impacts: The social costs to the destination community as perceived by its residents [J] . Journal of Travel Research, 1978.

[75] Akama J. Damiannah M K. Measuring tourist satisfaction with Kenya's wildlife safari: A case study of Tsavo West National Park [J] . Tourism Management, 2003.

[76] Yinghua Liu, SooCheong Jang. Perceptions of Chinese restaurants in the U. S. : What affects customer satisfaction and behavioral intentions? [J] . International Journal of Hospitality Management, 2009.

[77] Laws E. Conceptualizing visitor satisfaction management in heritage settings: An exploratory blueprinting analysis of Leeds Castle Kent [J] . Tourism Management, 1998.

[78] Joaquin Alegre. Tourist satisfaction and dissatisfaction [J] . Annals of Tourism Research, 2010.

[79] Laurie Murphy, Gianna Moscardo. Evaluating tourist satisfaction with the retail experience in a typical tourist shopping village [J] . Journal of Retailing and Consumer Services, 2011.

[80] Dorfman P W. Measurement and meaning of recreation satisfaction: A case study in camping [J] . Environmental and Behavior, 1979.

[81] Gilly, Cron, Barry. International fare in consumer satisfaction and complaining behavior [C]. Indiana University, Bollmington, 1983.

[82] Baker D A. Crompton J L. Quality, satisfaction and behavioral intentions [J]. Annals of Tourism Research, 2000.

[83] Sangjae, Sungil Jeon. The impact of tour quality and tourist satisfaction on tourist loyalty [J]. Tourism Management, 2011.

[84] Yoon Y, Uysal M. An examination of the effects of motivation and satisfaction on destination loyalty: A structural model [J]. Tourism Management, 2005.

[85] Christina Geng – Qing Chia, Hailin Qu. Examining the structural relationships of destination image, tourist satisfaction and destination loyalty [J]. Tourism Management, 2008.

[86] Bigne, Sanchez. Tourism image, evaluation variables and after purchase behavior inter – relations [J]. Tourism Management, 2001.

[87] Singh J. Voice, exit, and negative word of mouth behaviors: An investigation across three service categories [J]. Journal of the Academy of Marketing Science, 1990.

[88] Wen – Tai Lai, Ching – Fu Chen. Behavioral intentions of public transit passengers—The roles of service quality, perceived value, satisfaction and involvement [J]. Transport Policy, 2011.

[89] Ajzen, I. Driver B. L. Prediction of participation from behavior, normative and control beliefs: An application of the theory of planned behavior [J]. Leisure Science, 1991.

[90] Ajzen I, Fishbein M. Attitude – Behavior relations: A theoretical analysis and review of empirical study [J]. Psychological Bulletin, 1977.

[91] Ajzen, Fishbein. Understanding attitudes and predicting social behavior [J]. Prentice – Hall, Englewood Cliffs, NJ, 1980.

[92] Chen, C. Investigating structural relationships between service quality, perceived value, satisfaction, and behavioral intentions for air passengers: evidence from Taiwan [J]. Transport, 2008.

[93] Boulding, Kalra, Zeithmal. A dynamic process model of service quality: From expectations to behavioural intentions [J]. Journal of Marketing Research, 1993.

[94] Bitner. Evaluating service encounters: The effect of physical surroundings and employee responses [J]. Journal of Marketing, 1990.

[95] Patterson, Spreng. Modelling the relationship between perceived value, satisfaction and repurchase intentions in a business – to – business [J]. International Journal of Service Industry Management, 1997.

[96] Beeho, Prentice. Conceptualizing the experiences of heritage tourists: a case study of New Lanark World Heritage Village [J]. Tourism Management, 1997.

［97］ Bolton, Drew. A multistage model of customers' assessments of service quality and value ［J］. Journal of Consumer, 1991.

［98］ Anderson, Sullion. The antecedents and of customer satisfaction for firms ［J］. Marketing Science, 1993.

［99］ Parasuram A, BerryLL and Zeithaml VA. Refinement and reassessment of the SERVQUAL scale ［J］. Journal of Retailing, 1991.

［100］ Lassar W, Mittal B and Sharma A. Measuring customer – based brand equity ［J］. Journal of Consumer Marketing, 1995.

［101］ Blackwell, Miniard. Consumer behavior ［J］. New York: The Drydden, 2001.

［102］ Sunghyup Sean Hyuna, Wansoo Kim. The impact of advertising on patrons' emotional responses, perceived value, and behavioral intentions in the chain restaurant industry ［J］. International Journal of Hospitality Management, 2011.

［103］ Carter, Wheatley. Fixation lines and fringe belts, land uses and social areas. 19 – century chang in the small tocon ［J］. Transaction of the Institute of British Georgraphers, 1979.

［104］ Stephen, Smith. Regional analysis of tourism resources ［J］. Annals of Tourism Research, 1987.

［105］ Cybriwsky, Changing patterns of urban public space: Observation sand assessment from the Tokyo and New York metropolitan ［J］. Cities, 1999.

［106］ Ingo Zasada. Multifunctional peri – urban agriculture— A review of societal demands and the provision of goods and services by farming ［J］. Land Use Policy, 2011, 1: 1 – 10.

［107］ Chaminuka , Groeneveld. Tourist preferences for ecotourism in rural communities adjacent to Kruger National Park: A choice experiment approach ［J］. Tourism Management, 2011.

［108］ Cardozo, Richard N. A Experimental Study of Consumer Effort ［J］. Journal of Marketing Research, 1965.

［109］ Oliver. A cognitive model of the antecedents and consequences of satisfaction decisions ［J］. Journal of Marketing Research, 1980.

［110］ Richard, Scott, Richard. A reexamination of the determinants of consumer satisfaction ［J］. Journal of Marketing, 1996.

［111］ Claes Fornell, Michael D Johnson, Eugene W Anderson et al. The American customer Satisfaction Index: Nature, Purposes, and Findings ［J］. Journal of Markteting, 1996.

［112］ Shuai Quan, Nine Wang. Towards a structural model of the tourist experience: an illustration from food experiences in tourism ［J］. Tourism Management, 2004.

［113］ Carlos, Roig, Javier Sanchez Garcia. Customer perceived value in banking services ［J］. International Journal of Bank Marketiing, 2006.

［114］ Javier, Callarisa. Perceived value of the purchase of a tourism product ［J］. Tourism management, 2006.

［115］ Jooyeon. SooCheong Jang. Perceived values, satisfaction, and behavioral intentions: The role of familiarity in Korean restaurants ［J］. International Journal of Hospitality Management, 2010.

［116］ Christina Geng – Qing Chi. Examining the structural relationships of destination image, tourist satisfaction and destination loyalty ［J］. Tourism Management, 2008.

［117］ Vesna, Maja. Modelling perceived quality, visitor satisfaction and behavioural intentions at the destination level ［J］. Tourism Management, 2010.

［118］ Cedric Hsi – Jui Wu, Rong – Da Liang. Effect of experiential value on customer satisfaction with service encounters in luxury – hotel restaurants ［J］. International Journal of Hospitality Management, 2009.

［119］ Creusen, Schoormans. The different roles of product appearance in consumer choice ［J］. Journal of Product Innovation Management, 2005.

［120］ Yooshik Yoon, Muzaffer Uysal. An examination of the effects of motivation and satisfaction on destination loyalty ［J］. Tourism Management, 2006.

［121］ Hanny, Nasution. Customer value in the hotel industry: What managers believe they deliver and what customer experience ［J］. International Journal of Hospitality Management, 2008.

［122］ Joe Hutchinson, Fujun Lai. Understanding the relationships of quality, value, equity, satisfaction and behavioral intentions among golf travelers ［J］. Tourism Management, 2009.

［123］ Teoman Dumana, Anna S. Mattila. The role of affective factors on perceived cruise vacation value ［J］. Tourism Management, 2005.

［124］ Choong – Ki Lee. Investigating the relationships among perceived value, satisfaction, and recommendations ［J］. Tourism Management, 2007.

［125］ Duk – Byeong Park, Yoo – Shik Yoon. Segmentation by motivation in rural tourism: A Korean case study ［J］. Tourism Management, 2009.

［126］ Overby, Lee. The effects of utilitarian and hedonic online shopping value on consumer preference and intentions ［J］. Journal of Business Research, 2006.

［127］ Rigdon E. A necessary an sufficient identification rule for structural equation models estimated ［J］. Multivariate Behavioral Research, 2009.

［128］ Marsh, Balla. Goodness of fit in confirmatory factor analysis: The effect of sample size and model parsimony ［J］. Quality and Quality, 1994.

［129］ McDonald. Principles and practice in reporting structural equation analysis ［J］. Psychological Methods, 2002.

［130］ Bentler. Cutoff criteria for fit indexs in covariance structure ［J］. Equation Model, 1999.

［131］Ching – Fu Chen, Fu – Shian Chen. Experience quality, perceived value, satisfaction and behavioral intentions for heritage tourists ［J］. Tourism Management, 2010.

［132］Zhaohua Denga, Yaobin Lua. Understanding customer satisfaction and loyalty: An empirical study of mobile instant messages in China ［J］. International Journal of Information Management, 2010.

［133］Paul Williams, Geoffrey N. Soutar. Value, satisfaction and behavioral intentions in an adventure tourism context ［J］. Annals of Tourism Research, 2009.

［134］Tak Kee Hui, David Wan, Alvin Ho. Tourists' satisfaction, recommendation and revisiting Singapore ［J］. Tourism Management, 2007.

［135］Parasuraman, Zeithaml, Berry. The behavioral consequences of service quality ［J］. Journal of Marketing, 1996.

［136］Chang, Wildt. Price, Product information and purchase intention: An empirical study ［J］. Journal of the Academy of Marketing Science, 1994.

［137］Spiegelman, Paul. Live Customer interaction and the internet join in internation ［J］. Direct Marketing, 2000.

［138］SooCheong. Perceived quality, emotions, and behavioral intentions ［J］. Journal of Business Research, 2009.

［139］Bentler P M, Mooijaart A. Choice of structural equation models via parsimony: A rational based on precision ［J］. Psychological Bulletin, 1989.

［140］Chin W. Issues and opinion on structure equation modeling ［J］. MIS Quarterly, 1998, 22.

［141］Bender P M, Chou C P. Practical issues in structural modeling ［J］. Sociological Methods and Research, 1987.

［142］Gale, Y. Managing customer value creating quality and service that customers can see. New York: The Free Price, 1994.

［143］谢彦君. 旅游基础学 ［M］. 北京: 中国旅游出版社, 1999.

［144］谢彦君. 旅游体验研究——一种现象学视角的探讨 ［M］. 南开大学出版社, 2005.

［145］谢彦君. 旅游体验研究 ［M］. 北京: 中国旅游出版社, 2010.

［146］崔迅. 顾客价值链与顾客满意 ［M］. 经济管理出版社, 2004.

［147］邱皓政, 林碧芳. 结构方程模型的原理与应用 ［M］. 北京: 中国轻工业出版社, 2009.

［148］卢纹岱. SPSS for Windows 统计分析（第三版）［M］. 北京: 电子工业出版社, 2006.

［149］李怀祖. 管理研究方法论. 第二版 ［M］. 西安: 西安交通大学出版社, 2004.

［150］吴明隆. SPSS 操作与应用——问卷统计分析实务［M］. 台中：五南图书出版公司 2008.

［151］陈向明. 质的研究方法与社会科学研究［M］. 教育科学出版社，2004.

［152］侯杰泰，温忠麟，成子娟. 结构方程模型及其应用［M］. 教育科学出版社，2005.

［153］吴明隆. 结构方程模型——AMOS 的操作与应用［M］. 重庆大学出版社，2010.

［154］陈晓萍，徐淑英，樊景立. 组织与管理研究的实证方法［M］. 北京：北京大学出版社，2010.

［155］马庆国. 应用统计学——数理统计方法、数据获取与 SPSS 应用［M］. 科学出版社，2006.

［156］张文彤. SPSS11 统计分析教程（高级篇）［M］. 北京：北京希望电子出版社，2002.

［157］温忠麟，张雷，侯杰泰等. 中介效应检验程序及其应用［J］. 心理学报，2004.

［158］姜立利. 期望价值理论的研究进展［J］. 上海教育科研，2003.

［159］吴必虎. 大城市环城游憩带研究——以上海为例［J］. 地理科学，2001.

［160］苏平，党宁，吴必虎. 北京环城游憩带旅游地类型与空间结构特征［J］. 地理研究，2004.

［161］李江敏，刘承良. 武汉环城游憩地空间演变研究［J］. 人文地理，2006.

［162］李连璞，付修勇. 从"时空缩减"视角看环城游憩带发展［J］. 地理与地理信息科学，2006.

［163］王淑华. 大城市环城游憩带发展态势研究［J］. 城市问题，2006.

［164］王铁，张宪玉. 基于概率模型的环城游憩带乡村旅游开发决策路径研究［J］. 旅游学刊，2009.

［165］李江敏，张立明. 都市居民环城游憩行为初探［J］. 开发研究，2004.

［166］吴必虎，伍佳，党宁. 旅游城市本地居民环城游憩偏好：杭州案例研究［J］. 人文地理，2007.

［167］黄爱莲，潘东南. 新休假制度与南宁市民环城游憩行为分析［J］. 广西社会科学，2010.

［168］岑成德，钟煜维. 生态旅游者旅游动机、顾客参与和行为意向的关系［J］. 华南理工大学学报（社会科学版），2010.

［169］赵晓煜，曹忠鹏. 享乐型服务的场景要素与顾客行为意向的关系研究［J］. 管理科学，2010.

［170］赵媛，徐玮. 近10年来我国环城游憩带研究进展［J］. 经济地理，2008.

［171］张圣亮，张文光．服务补救程度对消费者情绪和行为意向的影响［J］．北京理工大学学报，2009.

［172］沈向友．旅行社服务质量与游客满意度影响因素分析［J］．旅游学刊，1999.

［173］卞显红．旅游目的地形象、质量、满意度及其购后行为相互关系研究［J］．华东经济管理．2005.

［174］余向洋，沙润等．基于旅游者行为的游客满意实证研究［J］．消费经济，2008.

［175］汪侠，梅虎．旅游地顾客忠诚模型及实证研究［J］．旅游学刊，2006.

［176］连漪，汪侠．旅游地顾客满意度测评指标体系的研究及应用［J］．旅游学刊，2004.

［177］汪侠，顾朝林．旅游景区顾客的满意度指数模型［J］．地理学报，2005.

［178］董观志，杨凤影．旅游景区游客满意度测评体系研究［J］．旅游学刊，2005.

［179］南剑飞，李蔚．基于灰色系统理论的旅游景区游客满意度评价研究［J］．商业研究，2008.

［180］田坤跃．基于 Fuzzy – IPA 的景区游客满意度影响因素的实证研究［J］．旅游学刊，2010.

［181］李瑛．旅游目的地游客满意度及影响因子分析［J］．旅游学刊，2008.

［182］汪侠，刘泽华，张洪．游客满意度研究综述与展望［J］．北京第二外国语学院学报，2010.

［183］蒋廉雄，卢泰宏．形象创造价值吗？——服务品牌形象对顾客价值-满意-忠诚关系的影响［J］．管理世界．2006.

［184］范秀成，罗海成．基于顾客感知价值的服务企业竞争力探析［J］．南开管理评论，2003.

［185］孟庆良，韩玉启．顾客价值驱动的 CRM 战略研究［J］．价值工程，2006.

［186］王锡秋．顾客价值及其评估方法研究［J］．南开管理评论，2005.

［187］李建州，范秀成．三维度服务体验实证研究［J］．旅游科学，2006.

［188］张凤超，尤树洋．体验价值结构维度：基于共同制造组织模式的实证研究［J］．武汉大学学报（哲社版），2010.

［189］谌怡庆，甘筱青．旅游资源的体验价值分析［J］．价格月刊，2009.

［190］陈宥任，熊正德等．顾客体验价值研究［J］．金融经济，2009.

［191］黄志红．休闲农业体验价值模型的构建及其应用［J］．统计与决策，2009.

［192］张荣，夏燕红．茶馆行业顾客体验价值驱动因素分析［J］．长春理工大学学报，2010.

［193］肖轶楠，夏沫．论主题公园体验价值的创造［J］．旅游学刊，2008.

［194］皮平凡，刘晓斌．酒店顾客体验价值研究［J］．商业研究，2009.

［195］宋春红，苏敬勤．服务质量、顾客价值及顾客满意对顾客忠诚影响的实证检验［J］．统计与决策．2008．

［196］徐伟，景奉杰．经济型酒店顾客价值与顾客满意、行为意向的关系研究［J］．河北经贸大学学报，2008．

［197］张凤超，尤树洋．顾客体验价值结构维度：DIY业态视角［J］．华南师范大学学报，2009．

［198］余意峰，熊剑平．国外旅游目的地忠诚度研究进展［J］．世界地理研究，2010．

［199］粟路军，许春晓．城市居民环城游憩距离选择的实证研究［J］．旅游科学，2008．

［200］杨京波，何佳梅．城市化对中国环城市旅游度假带的影响［J］．山东师范大学学报（自然科学版），2003．

［201］李文英，郑昌江．哈尔滨环城游憩带旅游资源分析［J］．商业经济，2008．

［202］魏小安．对发展中国家环城市旅游度假带的思考［N］．中国旅游报，2001．

［203］潘冬南．南宁市居民环城游憩需求实证研究［J］．广西经济管理干部学院学报，2010．

［204］李江敏，丁黎明，李志飞．城市居民环城游憩满意度评价［J］．消费经济，2008．

［205］闫喜琴．论小长假视野下的城郊乡村旅游［J］．经济研究导刊，2009．

［206］樊玲玲．湿地公园游客体验与游后行为意向的关系研究［硕士学位论文］．杭州：浙江大学．2009．

［207］李凡．主题餐厅的顾客体验价值研究［硕士学位论文］．杭州：浙江大学，2006．

［208］查金祥．B2C电子商务顾客价值与顾客忠诚度的关系研究［博士学位论文］．杭州：浙江大学，2006．

［209］李幼瑶．主题公园消费体验、体验价值和行为意向关系的研究［硕士学位论文］．杭州：浙江大学．2007：15．

［210］张成杰．旅游景区游客体验价值评价研究［硕士学位论文］．广州：暨南大学，2006：23．

［211］燕纪胜．BZC模式下的顾客价值构成维度研究［硕士学位论文］．威海：山东大学，2008．

［212］马峻．城市旅游景区游客满意度测评研究［硕士学位论文］．杭州：浙江大学．2007．

［213］杨婧．自然资本视角下旅游体验价值评估研究［硕士学位论文］．广州：暨南大学，2008．

［214］李江敏.武汉环城游憩地的形成与演变研究［硕士学位论文］.武汉：湖北大学,2005.

［215］彭春萍.我国农家休闲茶室顾客满意度研究［硕士学位论文］.杭州：浙江大学,2007.

［216］顾鹏飞.C2C电子商务中顾客价值与顾客忠诚的关系研究［硕士学位论文］.杭州：浙江大学,2006.

后　记

　　本书是在我的博士论文和相关前期研究积累基础上修改润色而成。博士学习的四年多时光令我经历了书山荆棘中的跋涉，更享受到了获取知识的欣喜！2007 年有幸师从中国地质大学（武汉）经济管理学院严良教授研习管理科学与工程，是我学业生涯的一个质的飞跃！严老师敏捷的思维、求真务实的治学态度以及"严＋良"的师者风范深深影响着我，促使我努力挑战自己，追求每天的进步！为了给学生们创造一个优质的学习交流平台，严老师着力于科研团队的打造，不断吸引着优秀老师和学生的加入，大家在这里发表学术见解，交流自己的学习疑惑，每周一次的研讨会既是我们的压力，也成为学习的动力！老师的良苦用心我们都感受至深，也从不敢懈怠！在严老师的悉心指导下，我也一步步成长：从最开始对管理研究的懵懂，到运用科学严谨方法解决问题；从最初研讨会上的一言不发，到针对研究问题的独立见解；从不知如何选择研究方向，到顺利完成并获得校级优秀博士论文！这个过程的变化凝聚着导师的智慧和辛劳，为我开启了探寻科学世界的一扇门，令我受益终生！博士论文的选题、撰写、方法运用和定稿导师都给予了大力指导，感激之情铭刻心底！

　　博士论文和学业得以完成，还要非常感谢杨昌明教授、诸克军教授、余敬教授、杨树旺教授、帅传敏教授、邓宏兵教授、赵晶教授、成金华教授、谢忠教授、余瑞祥教授、汤尚颖教授等老师们的精彩授课与指导！他们的学术思想引导着我拓宽自己的知识视野和思考空间，使我在创新务实的学术氛围中不断进步！在论文选题、搜集资料、撰写及答辩期间，我还得到多位旅游管理研究学术前辈的指点。马勇教授、熊元斌教授、张立明教授、熊剑平教授、卢武强教授等给予的诸多宝贵建议令我受益良多！鄢志武教授、王林副教授、唐嘉耀副教授、肖拥军副教授等同事老师，对我的研究开展给予了大力的支持！朱镇博士、郭锐博士在我论文撰写过程中给予了有效的方法指导！感谢陈莲芳老师、谢雄标老师、苏洪涛老师、才惠莲老师、刘家国老师、易兰老师、吴磊老师等，对书稿的修改提出了非常好的建议！感谢地大旅游系的学生和旅行社的朋友，协助我进行了多次问卷调查！

博士学习和论文撰写过程是艰辛的，也是漫长的，需要全心投入，四年多的时间里一直默默支持我的还有年迈的父母、公婆，年幼的孩子以及风雨同舟的丈夫！点点滴滴都永生难忘：读书期间，为了保证我的学习科研时间，父母和公婆克服身体疾病及其他种种困难，轮流帮我们料理家务！儿子添添一岁时，我开始读博，现在已经五岁多了，虽然我尽力多陪伴他，但是和很多妈妈相比，陪伴他的时间太少！我很愧疚，但欣慰的是儿子健康成长，体贴懂事！也许我的学习对他也有好的感染，他自小爱看书、画画，知道妈妈工作学习时不打扰！撰写论文冲刺阶段，我每天会去图书馆，儿子听话地跟我再见，但听到添添很认真的跟小朋友解释：我妈妈现在调到图书馆上班，很忙所以不能陪我，我的笑中带泪！谢谢孩子的付出与支持！丈夫工作学业也很繁忙，我读书期间他有两年到外地挂职锻炼，同时也要完成博士后科研工作，但无论在哪里，他都对我的学业非常关心，我们共同探讨问题，堪称我的良师益友！在博士论文撰写和书稿修改期间，他都鼎力支持，让我全心投入，没有牵绊！

本书最终得以面世，要感谢教育部高等学校社会科学发展研究中心组织专家评审，将本书列入部分资助计划，同时要感谢国家社会科学基金项目（12BJL074）和中央高校专项资金项目（CUGW090203）的大力资助！

我很幸福，很感恩！感谢所有给予我帮助和支持的老师、同学、朋友、家人们！人生之路还很漫长，依旧充满挑战！我将承载着这些珍贵的感激之情，开拓进取，以更好的成绩和状态来回报关心、支持和帮助我的人们！

学无止境，精益求精！因笔者目前的眼界和学历局限，书中纰漏之处必然不少，诚望读者和同行批评指正！

李江敏

2012 年 8 月 2 日